Andy Lang

An die Quellen der Sehnsucht

Andy Lang

An die Quellen der Sehnsucht

Das eigene Leben entdecken

KREUZ

Die Texte dieses Buches sind bei den irischen Pilgerreisen entstanden, zu denen der Autor jährlich Menschen einlädt, die in die geistliche Tiefe und kulturelle Weite der grünen Insel eintauchen wollen. Ausführliche Infos gibt es unter www.andy-lang.de.

© KREUZ VERLAG
in der Verlag Herder GmbH, Freiburg im Breisgau 2010
Alle Rechte vorbehalten
www.kreuz-verlag.de

Umschlaggestaltung: Uschi Weisheit
Umschlagmotiv: Zanua Vilkova/Jonarkau-fotolia.com

Satz: de·te·pe, Aalen
Herstellung: fgb · freiburger grafische betriebe, Freiburg
www.fgb.de

Gedruckt auf umweltfreundlichem, chlorfrei gebleichtem Papier
Printed in Germany

ISBN 978-3-7831-8049-7

Inhalt

1. Der Zaubergarten – das eigene Leben entdecken ... 11
Eigenes Leben ... 12
    Wahrnehmen und wach sein ... 12
    Mein Leben leben ... 13
    Für den Zauber offen sein ... 14
    Mein Leben ist wunderbar ... 15
    Im Garten wandeln ... 17
Spiritualität erfahren ... 20
    Im Geist leben ... 20
    Den Hauch empfangen ... 22
    Den Atem fließen lassen ... 24
    Den Wind spüren ... 26
Keltische Weisheit ... 29
    Sehnsucht ... 29
    Leib und Seele ... 29
    Nefesch ... 31
    Leben nach dem Tod? ... 33
    Materie und Geist ... 34
    Gott liebt die Welt ... 35
    Tempel des Heiligen Geistes ... 36
    Leib- und Frauenfeindlichkeit? ... 37
    Kelten am Ende der Welt ... 39
    Und noch einmal: Sehnsucht ... 40

2. Das einfache Leben – ein Lob des Alltags ... 41
Schönheit ist einfach ... 42
Zum Brunnen gehen ... 43
Vergnügen und Pflicht ... 45

Durchwoben vom Gebet	47
Erdverbundenheit	50
Das Einfache loben	51

3. Das Auge des Erkennens – vom Wesen der Freundschaft — 53

Vertraut gemacht	54
Anam Cara	55
Das Gegenüber erkennen	58
Der große Freund	60
Tanz der Freundschaft	61
Zärtliche Zuneigung	63

4. Die ausgestreckte Hand – Gastfreundschaft als Lebensstil — 67

Großzügig leben	68
Den Gast genießen	70
Eine Frage des Herzens	71
Alter spielt keine Rolle	74
Orte der Kraft	75
Sich unterbrechen lassen	76
Engel beherbergen	78
Gastfreundschaft als liturgische Tugend	79
Im Haus des Herrn	82

5. Die Achtsamkeit als Wegbegleiter – tiefer blicken — 83

Stufen der Achtsamkeit	84
Langsamkeit üben	85
Das Herz ansehen	87
Das Wesentliche spüren	90

6. Der Atem der Erde – eine Poetik der Schöpfung   93
Liebe die Erde   94
Die Schöpfung loben   96
Gott wohnt in seiner Welt   98
Verbunden sein   100
Schweigen und Staunen   101
Poetik statt Dogmatik   105
Der göttliche Künstler   106

7. Die Kraft des Segens – aus der Fülle schöpfen   109
Es beginnt mit der Sehnsucht   111
Gott glaubt an uns   112
Den Schmerz nicht scheuen   114
Nur eine kleine Geste   114
Ursegen – das Leben selbst   115
Ein Fest der Sinne   118
Ein Kreis aus Licht   122
Die Welt lieben   125
Wir dürfen klein sein   127
Den neuen Tag empfangen   131
Mut für die Wahrheit   135
Jeder kann segnen   138
Etwas Gutes sagen   141
Segen im Leid?   144
Die Angst benennen   147
Segen und Fluch   149
Sei behütet – an der Pforte des Abschieds   151

Verwendete Literatur und Quellennachweis   157

Schweigen möchte ich, Gott,
und auf dich warten.

Schweigen möchte ich, damit ich verstehe,
was in deiner Welt geschieht.

Schweigen möchte ich,
damit ich den Dingen nahe bin,
allen deinen Geschöpfen,
und ihre Stimme höre.

Ich möchte schweigen,
damit ich unter den vielen Stimmen
die deine erkenne.

»Als alle Dinge
 in der Mitte des Schweigens standen«,
sagt die Bibel,
»da kam vom göttlichen Thron,
o Herr, dein allmächtiges Wort.«

Ich möchte schweigen
und darüber staunen,
dass du für mich ein Wort hast.

Jörg Zink

Für Mat, Lisa und Anja

1.
Der Zaubergarten – das eigene Leben entdecken

Der Sehnsucht folgen, die uns hierher brachte,
aus dem Geist leben, der uns beflügelt
und die Welt lieben, die uns umgibt.

Eigenes Leben

Wahrnehmen und wach sein

Ich sitze auf einem hohen Berg und blicke nach Westen. Unter mir tun sich weite Wiesen und dunkle Wälder auf: Der Duft wilder Blumen steigt mir in die Nase. Ein sanfter Wind fährt durch mein Haar und die Sonne streichelt mein Gesicht. Dankbar nehme ich ihre Wärme in mich hinein. In der Ferne erkenne ich das Meer. Ich weiß, dass es mit großer Gelassenheit und Beständigkeit einfach da ist und diese Insel zu dem macht, was sie ist.

Das, wovon ich gerade spreche, ist nicht der Zaubergarten. Es ist eine bestimmte Art, Wirklichkeit wahrzunehmen. Diese Art kann mir jedoch helfen, in den Zaubergarten zu gelangen. Wo er liegt? Im Hier und Jetzt, vor meinen Augen. Der Zaubergarten ist mein Leben. Ob ich dieses einmalige, besondere, nur mir geschenkte und unverfügbare Leben als Zaubergarten erkennen kann? Oder betrachte ich mich als Produkt meiner Geschichte, als Spielball der Bedürfnisse und Erwartungen meines Lebens, als passives Wesen, das mehr gelebt wird, als selber zu leben? Lebe ich oder überlebe ich?

Als ich 20 Jahre alt war, stand ich eines Tages wie festgebannt vor einem über und über weiß blühenden Schwarzdorn, als wäre er eine himmlische Erscheinung, und ich wusste: Da rührt dich etwas an, das kommt von weit her. Und das geht dich an. Das musst du festhalten. Ich spürte förmlich die Kräfte, die hinter der Erscheinung am Werk waren. Weit hinter ihr. Aber ich hätte nicht sagen können, wer oder was mich da berührt hatte. Noch jahrelang ging das Bild des Busches mit mir. Und im Grunde wuchs in mir aus diesem Bild der Wille, mich nie in meinem Leben mit dem zu begnügen, was vor Augen liegt, sondern immer nach dem zu fragen, was denn in Erscheinungen und Begegnungen von weiter her zu mir dringen wollte. Und als ich später zum ersten Mal die Geschichte von der Offenbarung Gottes an Mose im brennenden Busch las, war mir, als erzählte die Bibel meine eigene Erfahrung.

Jörg Zink

Mein Leben leben

Im Zaubergarten wandeln – das könnte ich auch so ausdrücken: mein Leben leben. Aber so banal dies klingen mag: Gerade das ist nicht einfach. Es gibt so viele Möglichkeiten und Versuchungen, gelebt zu werden – und oft geben wir uns ihnen leichter hin als unserem eigenen Leben. Dazu kommt die Frage: Was ist eigentlich mein eigenes Leben? Was macht es zu dem einzigartigen, das nur zu mir passt? Das, was wir »unser Leben« nennen, ist ja zugleich auch der Entwurf oder die Vorstellung, die wir von einem Leben haben, das für uns stimmig ist. Wo liegen da die Grenzen zwischen Wunsch und Wirklichkeit? Und schließlich: Es gibt Ereignisse in unserem Leben, die wir so nicht gewünscht haben, die uns aber dennoch prägen. Ist auch ihr Einfluss Teil dessen, was wir »eigenes Leben« nennen?

Ich möchte uns dazu ermutigen, dass wir uns von einem perfekten Anspruch an unser Leben verabschieden. Mein

Leben wird immer Fragment bleiben und unvollkommen sein. Aber eben darin liegt auch eine große Gabe: Wir müssen nicht alles machen, um uns »selbst zu verwirklichen«, und wir brauchen auch nicht jedes Persönlichkeitsseminar besuchen, um »wir selbst zu werden«.

Es genügt zu sein und dabei einige Werkzeuge zum Leben zu benutzen. Um im Zaubergarten zu wandeln, brauche ich eine Ausrüstung: Dazu gehören der Wille, Entscheidungen zu treffen, ein Bewusstsein meiner selbst, eine bestimmte Kunst der Wahrnehmung, Sehnsucht, Disziplin, Mitgefühl, Offenheit und Sinnlichkeit. Aber auch diese Haltungen sind keine Liste, die Vollkommenheit garantiert, und sie sollen schon gar nicht davor abschrecken, sich überhaupt auf den Weg zu machen.

Für den Zauber offen sein

Gerade darum spreche ich auch von meinem Leben als einem Zaubergarten. In diesem Bild sind zwei Wahrheiten ausgedrückt: Das Leben ist wie ein Zauber – es ist unverfügbar, es ist nichts, was ich machen oder leisten kann. Diese Wahrheit entlastet von dem Psychodruck, den viele Lifestyle-Anbieter auf uns ausüben, indem sie uns suggerieren, dass Leben erst dann erfolgreich gelebt werden kann, wenn ich ihre Seminare besucht, ihre Bücher gekauft und ihre Anweisungen befolgt habe.

Demgegenüber steht die grundsätzliche Wahrheit: Mein Leben ist ein Geschenk, es ist mir von Gott gegeben und Er hält es in Seiner Hand. Sein Anfang, sein Wesen und sein Ziel liegen bei Ihm und dort sind sie gut aufgehoben. Ich kann mich also in Gelassenheit üben, wenn ich diese Wahrheit meditiere. Im Bild des Zaubers steckt auch noch dies: Mein Leben ist wunderbar!

> Ich habe damals mit allem geredet, mit dem ich zusammenkam, mit Käfern und mit dem Moos, mit Steinen und Quellen. Es war alles lebendig und ich selbst war nichts anderes als sie alle. Wenn ich über die waldigen Abhänge hinausschaute, geschah es mir immer wieder, dass aller feste Stoff sich vor meinen Augen auflöste und alles durchscheinend wurde, als sei es aus Glas. Die Bäume verloren ihre Dichte und wurden, als wären sie aus Licht. Die Felsen wurden durchscheinend bis auf die Erdtiefe, die dahinter und darüber war. Die Hügelkämme am Horizont gingen über in die abendliche Helligkeit, so, als wäre diese ganze wunderbare Welt, in der ich lebte und schaute, nur ein kaum wirklicher Vordergrund zu einem Land aus Licht und geistiger Kraft. *Jörg Zink*

Mein Leben ist wunderbar

Mein Leben ist wunderbar. Vielleicht geht vielen dieses Bekenntnis nicht leicht über die Lippen; vielleicht haben sich die Sorgen und alltäglichen Anforderungen an unser Leben so sehr in den Vordergrund gedrängt, dass wir das Leben nicht als Zauber, sondern als eine Ansammlung von Zwängen betrachten. Gerade dann gilt dies: Mein Leben ist wunderbar, es ist mehr als meine Sorgen und es erfüllt sich nicht in seinen Notwendigkeiten. Als ein kranker Mensch bin ich viel mehr als einfach nur ein Kranker! Auch wenn mich meine Krankheit in meinem Alltag gefangen nimmt, so gibt

Glauben

Ich glaube an die Wunder
dieser Welt und der unendlichen
unbekannten Welten

Ich glaube
an das Wunder der Träume
Träume im Schlaf
und im Wachen

Ich glaube an die Wunder
der Worte
die in der Welt wirken
und die Welten erschaffen

Ich glaube
an dich
Lebensbruder   *Rose Ausländer*

es doch eine große Lebensgeschichte, die von der Krankheit nicht infrage gestellt werden kann und die ihren Wert in sich trägt. Als Arbeitsloser bin ich mehr als ein Bedürftiger, der das Sozialsystem in Anspruch nimmt. Ich bin ein Mensch mit Gaben und Fähigkeiten, die auch dann noch wirken können und sollen. Als Trauernder bin ich mehr als der Mensch, der seine Geliebte oder seinen Geliebten verloren hat. Mein Leben muss einen schmerzlichen Verlust ertragen, aber es geht nicht auf im vergangenen Leben der geliebten Person.

Mein Leben ist wunderbar, es ist Geschenk, es ist unverfügbar. Niemand darf sich als Herr meines Lebens aufspielen: nicht meine eigenen Wünsche und Vorstellungen von meinem Leben, nicht mein Partner oder meine Familie, nicht mein Arbeitgeber und auch nicht meine Religion oder mein Staat. Wenn ich Gott als den Herrn meines Lebens entdecke, wird mir Gelassenheit, Zufriedenheit und das Wissen um den Zauber folgen.

Im Garten wandeln

Das zweite Bild neben dem Zauber ist das des Gartens. Ein Garten ist ein bewusst gestaltetes Stück Landschaft. Als Gärtner kann ich ihn entwerfen, pflegen, umsorgen. Ich kann mich an seiner Schönheit freuen und seine Früchte genießen. Und am wichtigsten vielleicht: Ich kann mich in ihm ausruhen, in ihm gehen. Sogar Gott sucht in der zweiten Schöpfungserzählung Ruhe im Garten, wenn er in der Kühle des Abends dort geht (vgl. 1. Mose 3,8). So tut es auch uns gut, wenn wir bisweilen innehalten und sagen: Es ist gut. Ein kreativer Umgang mit Formen der Erholung und Ruhe setzt Maßstäbe für ein Leben in Zufriedenheit.

Und so sind in dem Bild des Zaubergartens zwei Grundwahrheiten über unser eigenes Leben enthalten, die einander ergänzen und sich bedingen: Mein Leben ist Geschenk und unverfügbar und zugleich bin ich aufgerufen, es bewusst zu gestalten. Gelassenheit und Herausforderung, Ruhe und Arbeit, Geschöpf sein und selbst schöpfen – beides gehört zu einem erfüllten Leben, zu dem Zaubergarten, zu dem wir gerufen sind.

Ich möchte in diesem Buch Wege in den Zaubergarten beschreiten und einladen, mir zu folgen. Ich sage nicht, dass es die einzigen Wege dorthin sind. Es sind Wege, die sich mir aus der christlichen Spiritualität und aus der keltischen Weisheit erschließen. Sie sind zu meinen Wegen geworden und ich glaube, dass sie für viele Menschen stimmig sein könnten.

Ich schreibe dieses Buch nicht als ein Kompendium, aus dem man alles über christliche Spiritualität oder keltische Weisheit lernen kann. Das haben andere vor mir umfassender und beredter getan. Mein Ziel ist es, beide Quellen miteinander ins Gespräch zu bringen, oder besser noch: dem Dialog zu lauschen, in dem sie sich schon seit alten Zeiten befinden. Ich bin davon überzeugt, dass wir als Christen heute vieles lernen können von der mystischen Glaubenswelt der iroschottischen Kirche und den Traditionen und Mythen, die heute noch in der keltischen Welt vorhanden sind; vieles, das uns hilft, eine sinnliche, ganzheitliche und versöhnende Spiritualität zu leben und so einen Zugang zu dem zu finden, was wir als unser eigenes Leben beschreiben können.

Auf dem Weg zu dieser Weisheit haben mich viele wunderbare Menschen begleitet, die mit mir die Weiten der irischen Landschaft und die Tiefe ihrer Kultur und Spiritualität beschritten haben. Die Gedanken auf diesen Seiten sind nicht zuletzt unseren gemeinsamen Gesprächen und unseren schweigenden Wanderungen zu verdanken. Es ist erstaunlich, miteinander auf dem Weg zu sein!

Spiritualität erfahren

Spiritualität ist ein schillerndes Sehnsuchtswort und eine große Projektionsfläche. Auf diese Leinwand könnten wir all unsere Bedürfnisse und Wünsche nach authentischem Glauben, erfahrbarer Religiosität und überzeugender Frömmigkeit bannen.

Es ist hilfreich, sich dem ursprünglichen Wortsinn dieses Modebegriffs zuzuwenden. Spiritualität könnte so viel bedeuten wie: im Geist leben.

Im Geist leben

Das deutsche Wort »Geist« stammt aus dem Indogermanischen und hat vielfältige Bedeutungen: »lebhaftes Bewegtsein«, »außer sich sein«, »aufgebracht sein«, »erschreckt sein«, »Schaudern«. Der Geist ergreift also den Menschen und bewegt ihn stets neu, überraschend, unvorhergesehen und unverfügbar. Geist – das ist so viel wie Ekstase: aus sich heraustreten, entgrenzt werden, den engen Definitionen des Alltags entrissen werden, in Gefühls- und Verstehenswelten eintauchen, von denen wir nicht einmal geträumt hätten. Geistliches Leben bedeutet also auch eine Rückkehr zu unserer Emotionalität. Gerade das Verkümmern unserer emotionalen Dimensionen im Gefolge der Aufklärung hat schlimme Folgen in unserer Gesellschaft, Wissenschaft und unserem Umgang mit der Natur gezeitigt. Deswegen ist eine Rückbesinnung auf den Geist, der uns bewegt, inspiriert, beflügelt und lebendig macht, eine der dringlichsten Aufgaben der christlichen Spiritualität.

Er ist in allem

Er ist in allem,
er ist außerhalb von allem.
Er ist über allem, unter allem,
gegenüber jedwedem,
erhabener in seiner Macht,
niedriger als tragendes Sein,
äußerlicher durch seine Größe,
innerlicher, weil alles subtil durchziehend;
von oben herrschend, von unten tragend,
von außen umfassend, von innen durchdringend.
Und er ist hier nicht niedriger, dort nicht höher,
sondern als ein und derselbe ist er der Erhalter,
weil er stets vor allem da ist.
Als ein und derselbe durchdringt er alles,
es umfassend,
und umgibt alles,
es durchdringend.

Gregor der Große

Dazu gehört ebenso die andere Seite des Geistes, die Vernunft.

Das griechische *noein* bedeutet »begreifen« und »vernehmen«. So wie ein Kleinkind sich die Welt ertastet und sie ganz sinnlich nach und nach begreift, so verfolgt auch die Vernunft kein kühles Kopfwissen, sondern eine Erkenntnis der Wirklichkeit, die in meiner Personmitte wohnt. Vernunft bedeutet demnach auch vernehmen, empfangen, Antwort geben. Sie gebiert kein Herrschaftswissen, mit dem ich andere unterdrücken kann. Sie empfängt in Ehrfurcht das Wort, aus dem Leben entsteht.

»Geist« wird also immer auch geistliche Eigenschaften haben: Demut, mit der ich die Wirklichkeit wahrnehme; Einfühlsamkeit, mit der ich das Wesen der Dinge beschreibe; und Achtsamkeit dafür, wie ich meiner Wirklichkeit begegne.

Den Hauch empfangen

> Da machte Gott der Herr den Menschen aus Erde vom Acker und blies ihm den Odem des Lebens in seine Nase. Und so wurde der Mensch ein lebendiges Wesen.
>
> *1. Mose 2,7*

Der Mythos der zweiten Schöpfungserzählung beschreibt ein wunderbares Bild, das von Intimität und liebevoller Zuwendung spricht: Der HERR beugt sich über das Häuflein Erde und macht es zum Menschen, indem Er ihm Seinen Atem schenkt. Dieser Atem erst macht den Menschen zu einer *nefesch chaja*, einem lebendigen Wesen. Das hebräische Wort *nefesch* bedeutet nicht Seele, sondern Personenmitte.

Alles durchdringst du

Alles durchdringst du.
Die Höhen, die Tiefen
und jeglichen Abgrund.
Du bauest und bindest alles.

Durch dich träufeln die Wolken,
regt ihre Schwingen die Luft.
Durch dich birgt Wasser das harte Gestein,
rinnen die Bächlein
und quillt aus der Erde das frische Grün.

Du auch führest den Geist,
der deine Lehre trinkt,
ins Weite.
Wehest Weisheit in ihn
und mit der Weisheit die Freude.

Hildegard von Bingen

Es bezeichnet den Menschen mit seiner ganzen Lebenskraft. Der Mensch lebt ganz aus dieser Kraft heraus. Psalm 104 beschreibt das mit eindringlichen Worten:

> Nimmst du weg ihren Odem, so vergehen sie und werden wieder zu Staub. Du sendest deinen Odem, so werden sie geschaffen, und du machst neu die Gestalt der Erde.
> *Psalm 104,29–30*

Karl Rahner sagte: »Spiritualität ist Leben aus dem Geist.« Wenn wir Geist als Hauch verstehen, als Odem von Gott, trägt er unser Leben. Er ist Geschenk. Nichts in unseren Händen, sondern liebevolle Zuwendung Gottes zu uns.

Den Atem fließen lassen

Mit dem Hauch eng verwandt ist der Atem. Er ist das ewige Geheimnis unseres Empfangens. Mit dem Atem dringt frische, unverbrauchte Luft in unsere Lungen, in unser Blut, Herz, Gehirn, in unseren ganzen Körper. Der Atem ist ein elementarer Lebensvollzug. So selbstverständlich wie er durch uns hindurchfließt, so bewusst können wir ihn aufnehmen. Die geistliche Praxis vieler Religionen weiß, wie wichtig der Atem für unsere Spiritualität ist. Es genügt schon, einmal wenige Minuten aufrecht zu sitzen und bewusst zu atmen, sonst nichts zu tun, nur zu denken. Die Wirkung einer solchen Übung wird sich schnell einstellen: Wir werden ruhig, wir können uns ganz als Empfangende begreifen, als geliebte Kinder, die mit dem Wesentlichen ganz umsonst und allezeit versorgt werden. Geborgenheit und Dankbarkeit können uns so aus einer kleinen Übung erwachsen.

Das Herzensgebet der orthodoxen Kirche verbindet eine bewusste Atempraxis mit den Worten: Herr Jesus Christus (einatmen) – erbarme dich meiner (ausatmen). Dadurch wird Christus beim Einatmen in die Personenmitte aufgenommen, während beim Ausatmen abgelegt werden kann, was uns bedrängt. Dieses Gebet lebt aus der ruhevollen Wiederholung.

Ein Freund von mir ist Didgeridoo-Experte. Dieses Instrument kann nur gespielt werden, wenn der Spieler die Zirkularatmung entwickelt hat, das heißt, wenn er gleichzeitig ein- und ausatmen kann. Mein Freund behauptet, dass viele unserer körperlichen und seelischen Störungen vom Atmen mit falscher Körperhaltung kämen. Unsere Schultern hingen zu schlaff nach vorne und würden dadurch einen offenen Brustkorb und ein freies Pulsieren unserer Lungen verhindern. Zudem empfingen wir die Lebenskraft unseres Atems nicht nur durch unseren Mund, sondern ebenso durch unser Herz, also die Gegend um unser Brustbein herum. Ich habe mich schnell von seinen Worten überzeugt, indem ich versucht habe, sowohl in schlaffer als auch in offener, aufrechter Körperhaltung zu atmen. Das Ergebnis war beeindruckend! Wenn er recht hat, sollten wir aus dieser Beobachtung heraus unsere Körpergewohnheiten verändern: Sitzen, Gehen, Stehen könnten für sich zu kleinen geistlichen Übungen werden. Daraus ergäbe sich eine Revolution der Körperhaltungen in unseren Gottesdiensten, und besonders auch für die Haltung, in der wir dort sind!

Den Wind spüren

In dem nächtlichen Gespräch, das Jesus mit Nikodemus über das geistliche Neu-geboren-Werden führt, fallen die berühmten Worte:

> Der Wind bläst, wo er will, und du hörst sein Sausen wohl; aber du weißt nicht, woher er kommt und wohin er fährt. So ist es bei jedem, der aus dem Geist geboren ist. *Johannes 3,8*

Gottes Geist ist nicht definierbar. Man kann ihn nicht festlegen auf eine bestimmte Richtung oder eine gewisse Herkunft. Jedoch ist die Kirche in ihrer Geschichte dieser Gefahr immer wieder erlegen. Wie der Geist ausgerichtet sein sollte, das heißt, wo Wahrhaftiges über Gott und den Menschen gesagt und gelebt werden sollte, bestimmte immer noch das Lehramt. Dabei herrschte dennoch eine gewisse Willkür und Zeitabhängigkeit: Manche Hexen, die verbrannt wurden, wären wenig später oder früher oder in einem anderen Bistum als Heilige verehrt worden.

Gut, dass diese Zeiten vorbei sind. In unseren Tagen liegt die Attraktivität des Begriffes Spiritualität schließlich auch an seinem wenig definierbaren Charakter. Das hat natürlich auch Nachteile: Vieles, was wenig Vertrauen verdient, tummelt sich auf dem religiösen Markt der Möglichkeiten. Zugleich werden aber auch viele Schätze alten Wissens neu gehoben und zugänglich gemacht.

Allein die Weite der christlichen Spiritualitätsformen ist beachtlich und schöpft aus den tiefen Quellen der Ordenstraditionen, der Volksfrömmigkeit, der orthodoxen und der verschiedenen evangelischen Glaubensrichtungen und nicht

Der Heilige Geist ist lebensspendendes Leben,
Beweger des Alls und Wurzel alles geschaffenen Seins,
er läutert das All von Unlauterkeit,
er tilgt die Schuld, und er salbet die Wunden,
so ist er leuchtendes Leben, würdig des Lobes,
auferweckend und wiedererweckend das All.

Hildegard von Bingen

zuletzt aus dem Brunnen der keltischen Weisheit, wie sie durch die frühmittelalterliche, iroschottische Kirche bewahrt wurde. Wenn ich den weiten Begriff der christlichen Spiritualität verwende, bezeichne ich damit ein Glaubensleben, das aus dem Geist Gottes lebt und sich ihm überantwortet weiß. Das soll hier an Definition genügen. Dieses Glaubensleben möchte ich mit grundlegenden Einsichten aus der keltischen Weisheit ins Gespräch bringen.

Keltische Weisheit

Sehnsucht

Warum tun uns alte und neue irische Segenssprüche so gut? Wie gelingt es ihnen, eine verborgene Sehnsucht nach Echtheit und Einfachheit in uns zu berühren? Warum verzeichnen Reiseanbieter für Irland eine boomende Nachfrage und warum gibt es hierzulande so viele eingefleischte und neu gewonnene Fans irischer Folk-Musik? Worin liegt der Zauber der grünen Insel mit ihren einsamen Landschaften, rauen Küsten, schrulligen Typen, ihrer mystischen Poesie und ihrer wunderbar melancholischen und zugleich ausgelassenen Musik? Und was hat das Ganze mit Spiritualität und unserem Glaubensleben zu tun? Bevor wir diese Fragen angehen können, ist es gut, einige Gedanken auf unsere eigene Prägung zu verschwenden.

Leib und Seele

Unser »christliches« Abendland ist philosophisch durch die großen Denker des antiken Griechenlands geprägt. Platon, Sokrates, Aristoteles, Pythagoras, Diogenes und Epikur haben ganze Denkschulen inspiriert. Ihre Ideen sind über die römischen Philosophen und Staatsmänner wie Cicero, Seneca und Ovid in das gesamte römische Imperium vorgedrungen.

Auch der junge christliche Glaube konnte sich ihrem Bann nicht entziehen. In schweren theologisch-philosophischen Kämpfen wurden seine alttestamentlich-hebräischen

Gesegnet sei die Sehnsucht, die dich einst hierher brachte und die deine Seele mit Verwunderung belebt.

Mögest du den Mut haben, mit deiner ewigen Sehnsucht Freundschaft zu schließen.

Mögest du dich der kritischen und schöpferischen Gesellschaft der Frage »Wer bin ich« erfreuen und möge sie deine Sehnsucht erquicken.

Möge eine verborgene Vorsehung dein Denken leiten und dein Fühlen beschützen. *John O'Donohue*

Wurzeln mit den hellenistischen Deutungen von Wirklichkeit durchdrungen. Das Judentum zur Zeit Jesu war selbst schon stark griechisch geprägt, war doch die *Septuaginta*, die griechische Übersetzung der alten hebräischen Schriften, den gebildeten Juden in den Metropolen Alexandria, Rom und Antiochien die Heilige Schrift. Griechisch war die Muttersprache der meisten Juden, und die Mehrheit von ihnen wohnte in der Diaspora, nicht im israelischen Kernland. Mit der Sprache war natürlich auch das Denken griechisch geprägt, und so verdient der Apostel Paulus als Erster Anerkennung als Übersetzer der hebräisch geprägten Botschaft des Jesus von Nazareth in griechisches Denken und Empfinden. Nur dadurch konnte sich das Christentum unter den Griechisch sprechenden Juden außerhalb Israels und dann auch unter den hellenistisch-römischen Heiden so rasant verbreiten und zur Erfolgsgeschichte entwickeln.

Nefesch

Freilich hatte dies seinen Preis. Das alttestamentlich ganzheitliche Menschenverständnis wurde durch einen hellenistischen Leib-Seele-Dualismus ersetzt. Im Alten Testament ist der Mensch vor allem ein *nefesch chaja* – ein lebendiges Wesen, das aus dem Odem Gottes, das heißt aus seiner intimen Zuwendung zu ihm lebt. Besonders plastisch wird dies in der zweiten Schöpfungserzählung dargestellt: Man mag sich an Liebende erinnert fühlen, wenn erzählt wird, wie Gott sich über das noch leblose Geschöpf aus Ackererde beugt und ihm seinen lebendigen Atem einbläst: »Und so wurde der Mensch ein lebendiges Wesen« (Gen 2,7), *nefesch chaja*. Das hebräische Wort *nefesch* bedeutet keineswegs Seele, wie es später in der *Vulgata* (der lateinischen Bibel) und von dort aus auch in den landessprachlichen Übersetzungen auftaucht. Es bezeichnet im ursprünglichen Wortsinn die Kehle, also den Ort, an dem nach außen hin sichtbar wird, ob ein Mensch atmet und somit an dem immerwährenden Kreislauf von Empfangen und Loslassen, von Geben und Nehmen teilnimmt. Im übertragenen Sinn meint *nefesch* den Menschen mit seiner ganzen Lebenskraft, mit seinen körperlichen und geistigen Fähigkeiten. Wenn in den Psalmen immer wieder die Selbstaufforderung »meine Seele lobe den Herren« zu hören ist, bedeutet dies eigentlich nach hebräischem Verständnis: Mein ganzes Leben soll ein Lob Gottes sein. Ich will ihm spielen und singen, ich will ihm danken und lachen, ich will tanzen für Gott und mich an seiner Größe freuen. Ich kann spüren, wie viel lebendiger, konkreter und freudiger so ein Vorhaben klingt, als ein blasses »meine Seele lobe den Herren«.

Zugleich verbirgt sich hinter dem Gedanken der *nefesch* eine zutiefst theologische Weisheit. Diese Lebenskraft ist nichts, was dem Menschen gehört. Er empfängt sie als Geschenk und gibt sie zu seiner Zeit wieder zurück. Berühmt sind die Worte aus Psalm 104,29 geworden: »Verbirgst du dein Antlitz, so erschrecken die Menschen, nimmst du weg ihren Odem, so vergehen sie und werden wieder Staub.« Der Mensch ist eine Einheit aus Körper und *nefesch*, seine Seele ist nichts, was unabhängig von Gott zeitlos existiert.

Leben nach dem Tod?

Deswegen haben die ältesten Teile des Alten Testaments auch keine Vorstellung von einem Leben nach dem Tod, denn mit dem Körper vergeht auch alles andere, was den Menschen ausgemacht hat. Erst mit der Erfahrung des Exils in Babylon und später durch die Unterdrückung der hellenistischen Nachfolgereiche Alexanders des Großen brannte die Frage unter den Nägeln: Was ist eigentlich mit den Gerechten, die einen allzu frühen und oft grausamen Tod als Lohn für ihre Glaubenstreue erfahren mussten? Kann es angehen, dass diese vergessen und in den Staub hinabgesunken sind, während sich die Unterdrücker und ihre Kollaborateure feist eines guten und langen Lebens erfreuen? Wo bleibt da Gottes Gerechtigkeit? Vor diesem Hintergrund entstand der Glaube an ein Leben nach dem Tod. Allerdings ist dieses Leben – theologisch wieder fein durchdacht – nichts, was in den Händen der Menschen läge oder in einer unabhängigen und zeitlosen ewigen Seele begründet wäre. Allein bei Gott ist dieses Leben geborgen und Er allein wird es aus Seiner Erinnerung an Sein geliebtes Kind wieder erstehen lassen. Das Kontinuum des Lebens ist also nicht ein feinstofflicher Teil, der beim Tode aus dem Körper tritt und dann in irgendwelchen Zwischenwelten auf eine neue Inkarnation wartet. Es ist vielmehr Gottes liebevolles Andenken an diesen Menschen, das ihn zu gegebener Zeit wieder neu erstehen lässt.

Zugegeben: Diese Gedanken kommen uns sehr fremd vor. Zu tief hat sich die Vorstellung einer Seele in unser abendländisches Alltagsbewusstsein eingegraben, die getrennt vom vergänglichen Körper jenseits unserer Dimensionen Zeit und Raum überdauert. Aber eben diese Vorstellung ist nicht biblisch, sondern klassisch indogermanisch und bildet sowohl die Grundlage für die hinduistische Lehre von der Seelenwanderung (Reinkarnation) als auch für die hellenistisch-heidnische Leib-Seele-Spaltung.

Materie und Geist

Mit dieser Auffassung eng verbunden war den griechischen Philosophen die Vorstellung, dass diese Welt und das Reich der ewigen Ideen strikt getrennt seien. Materie und Geist standen einander gegenüber. Die Materie war sündenbeladen und schlecht, der Geist unvergänglich und rein. Der irdische, hinfällige Leib ein Gefängnis und ein Pfuhl von Versuchungen und geheimen Lüsten, die unsterbliche Seele aber berufen, den Aufstieg in das Reich der Ideen und des reinen Geistes anzutreten. Sehr deutlich kommt dies in Platons Höhlengleichnis zum Ausdruck: Die Menschen sitzen angekettet als Gefangene mit dem Gesicht zur Höhlenwand und sehen dort Schatten. Diese kommen als Reflexionen von einem Feuer, das außerhalb der Höhle brennt und das echte Leben in der Freiheit in verzerrter Form an die Höhlenwand wirft. Tragischerweise halten die gefangenen Menschen aber die Schatten und nicht ihren Ursprung für die Realität. Das Bild spricht für sich: Das Feuer ist der reine Geist, die Höhle aber die Welt; die Schatten sind nicht die Phänomene des Lebens, sondern nur verfälschte Abbilder davon. Der Weise erkennt den Trug und wendet sich von der Welt der Materie ab und der wahren Welt des Geistes zu.

Gott liebt die Welt

Wie anders klingt da das Zeugnis der Bibel im Neuen und Alten Testament: Gott ist sich nicht zu schade, mit seinen eigenen Händen die Welt und ihre Wesen zu formen. Leidenschaftlich liebt er diese Welt, ja er geht sogar selbst in der Abendkühle des paradiesischen Gartens und genießt seine eigene Schöpfung. Aber damit nicht genug: Auch die gefallene Schöpfung gibt Gott nicht auf und die Sintflut ist nicht sein letztes Wort, sondern die Sendung seines geliebten Sohnes:

> Denn so hat Gott die Welt geliebt, dass er seinen eigenen Sohn gab, damit alle, die an ihn glauben, nicht verloren werden, sondern das ewige Leben haben.
> *Johannes 3,16*

Und die Verheißung eines neuen Himmels und einer neuen Erde klingt gar nicht ätherisch überirdisch, sondern sehr leiblich:

> Schau, Gottes Zelt steht bei den Menschen. Und er wird bei ihnen wohnen und sie werden sein Volk sein, und er selbst, Gott mit ihnen, wird ihr Gott sein. Und Gott wird abwischen alle Tränen von ihren Augen und der Tod wird nicht mehr sein, noch Leid noch Schmerz und Geschrei wird es mehr geben. *Offenbarung 21,3–4*

Eine christliche Haltung zur Welt wird also nicht aus einer gleichgültigen Distanz ihr gegenüber oder gar einer feindlichen Absonderung von ihr bestehen, sondern in liebevoller Zuwendung zu Gottes guter Schöpfung, die dennoch gefallen ist. Sorge für die Welt, Freude an ihr und ein ganzheitliches Leben in ihr sind den Christen aufgetragen.

Wie anders und falsch klingt da der fast schon hämische Eifer fundamentalistischer (Fernseh-)Prediger, die sich den Weltuntergang in den schillerndsten Farben ausmalen und in voyeuristischen Details darstellen. Als Kronzeugen berufen sie die einzige Stelle im Neuen Testament ein, die dazu geeignet erscheint, in diese Richtung missinterpretiert zu werden:

> Es wird aber des Herrn Tag kommen wie ein Dieb; dann werden die Himmel zergehen mit großem Krachen; die Elemente aber werden vor Hitze schmelzen und die Erde und die Werke, die darauf zu finden sind, werden ihr Urteil finden. 2. Petrus 3,10

Das gesamtbiblische Zeugnis wiegt aber schwerer als eine einzelne, isolierte Stelle. Gott hat mich mit meinem ganzen Leben geschaffen und die gesamte Welt dazu. Er liebt mich und die Welt und hat sein Äußerstes getan, um uns zu befreien und zu dem Leben zu berufen, das er sich für uns in Freiheit und Zuwendung erträumt hat.

Tempel des Heiligen Geistes

Unser Körper spielt dabei eine ganz besondere Rolle, denn ohne ihn könnten wir Gott nicht loben, wir könnten ihm keine Lieder singen, keine Tänze zu seinen Ehren aufführen und auch keine Bücher für ihn schreiben, ja wir könnten ohne ihn überhaupt nicht kommunizieren. Scheinbar musste der Apostel Paulus das auch seiner Gemeinde in Korinth predigen, als er sie ermahnte:

> Wisst ihr denn nicht, dass euer Leib ein Tempel des
> Heiligen Geistes ist? ... darum preist Gott mit eurem
> Leib!
> *1. Korinther 6,19–20*

Warum musste Paulus das seiner Gemeinde einschärfen, die sich im Zentrum des hellenistischen Gedankenreiches befand? Nun, die korinthischen Christen glaubten ganz selbstverständlich, dass nur das Leben der Seele für ihre Erlösung von Bedeutung wäre – was aber mit dem Körper geschah, war nicht von Belang. Und so gingen die korinthischen, ehemals heidnischen Christen sehr zum Verdruss ihrer jüdisch-christlichen Brüder und Schwestern zum Fleischmarkt und kauften dort das billige, weil den heidnischen Göttern geweihte Fleisch. Darüber könnte man ja noch streiten. Aber als dann auch noch ungehemmte Saufgelage und Besuche im Bordell keine Probleme für diese Christen waren, weil all dies ja nur den Körper, aber nicht den Geist tangierte, musste Paulus deutlicher werden.

Was aber hat nun dieser kleine geistesgeschichtliche Exkurs in den antiken Vorderen Orient mit den Kelten und ihrer Anziehungskraft auf uns heute zu tun?

Leib- und Frauenfeindlichkeit?

Viele unserer Zeitgenossen haben heute ein Problem mit einer gewissen leibfeindlichen Tradition der Kirchen. War es nicht diese Tradition, die die Frau als Quelle der Sünde diffamierte, so wie es im berüchtigten *Malleus maleficarum* von Jakob Sprenger und Heinrich Institoris aus dem späten 15. Jahrhundert folgenschwer festgehalten wurde: Die Frau sei nur fleischlich gesinnt und auf Wollust und Habgier programmiert. Sie sei das schwerste Hindernis für die geistliche Fortentwicklung des Mannes und damit für seine Erlösung, lenke sie doch ständig seine Sinne auf die Geschlechtlichkeit und damit weg vom Seelenheil. Darum habe sie auch den Namen *fe-mina* empfangen, eine krude Etymologie aus den lateinischen Worten *fides* (Glaube) und *minus* (weniger): Die Frau sei also diejenige, die weniger Glauben habe. Deswegen musste Christus auch als Mann geboren werden, um seinen Geschlechtsgenossen ein leuchtendes Vorbild an Enthaltsamkeit und Askese zu sein.

Was uns heute aufregt, war noch vor wenigen Jahrhunderten das allgemeine Verständnis. Und der Teufel steckte überall im Detail, besonders auch in frommen Traditionen wie dem Gemeindegesang. Deswegen ließ ihn Reformator Huldreich Zwingli zeitweise aus dem Gottesdienst verbannen, denn vor allem rhythmisch gesungene Lieder würden die Fleischeslust aufwallen lassen und der Züchtigkeit übel mitspielen. So wurde ein Gottesdienst, der einstmals mit allen Sinnen und Pracht und Buntheit zur Ehre des Schöpfers gefeiert worden war, zu einer blutleeren, intellektuellen Vorlesung. Bis in die Architektur unserer Gotteshäuser hinein hat sich die Zentrierung auf das Wort eingeprägt: die Kanzel im Altar, die Orgel auf der Empore, die Gläubigen in Reih und Glied auf parallel angeordneten Bänken – und die Einsamkeit in den Herzen.

Kelten am Ende der Welt

Das ist unser Erbe aus dem antiken Athen und Rom. Nie ist es jedoch in seiner Vehemenz in die entlegenen westlichen Winkel Europas vorgedrungen, und die keltischen (Halb-)

Inseln westlich von England blieben davon weitgehend unberührt. Sehr früh, bereits im 5. Jahrhundert, wurden die Iren Christen. Aber ihr Missionar, der heilige Patrick, kam nicht aus Rom und nicht aus Kleinasien, sondern aus Britannien. Sein Verdienst ist es, den christlichen Glauben und die keltische Kultur in einer Weise miteinander ins Gespräch gebracht zu haben, die beiden das Wertvollste bewahrte: Hier der Glaube an Christus, den Sohn Gottes; dort die Sinnlichkeit und Freude an der Schöpfung und die Ahnung, dass alles miteinander verbunden ist und aus einer Quelle kommt. Hier war kein Platz für Spaltung und Trennung, für Leibfeindlichkeit und Frauenverachtung.

Grob zusammengefasst geht es um zwei verschiedene Wahrnehmungen von Wirklichkeit: die hellenistisch-römische, also vor allem analytisch-intellektuelle, und die hebräisch-keltische eher intuitiv-poetische Wahrnehmung. Beide sind für ein umfassendes Bild der Wirklichkeit wichtig und für beide steht jeweils eine Hälfte unseres Gehirns. Vernachlässigen wir eine Seite, verlieren wir damit auch einen wichtigen Zugang zu unserer Wirklichkeit – dem also, was in unserem Leben wirkt. Und das ist Spiritualität: das erfahrbare Wirken des Heiligen Geistes in unserem Leben.

Und noch einmal: Sehnsucht

Das ist unsere Sehnsucht:
fröhliche, sinnvolle und sinnliche Gottesdienste;
ein Glaube mit Ausstrahlung und Offenheit;
eine ganzheitliche, gesunde Lebensweise, die den Körper wie den Geist in seiner Entfaltung fördert und sich an ihm freut;

ein versöhnender und liebevoller Umgang mit der
Schöpfung und ihren Kindern;
ein friedliches, gleichberechtigtes Miteinander sowohl
unter Frauen und Männern als auch unter Kindern
und Erwachsenen, Alten und Jungen, Fremden und
Vertrauten;
ein Leben im Alltag, das den Zauber der Wirklichkeit
wahrnimmt und in Dankbarkeit und Freude
antwortet;
ein Leben in Gemeinschaft, das von Freiheit und
Hingabe geprägt ist;
immer wieder neue Inspirationen, die eine Haltung
der Achtsamkeit, Wertschätzung und Poesie
fördern;
ein erfülltes Leben, das den Tod nicht fürchten muss,
weil es sich über dessen Pforten hinweg geborgen
und getragen weiß von einem liebevollen,
zugewandten Gott.

Wie kann diese Sehnsucht Erfüllung finden und wie ist eine fröhliche und hilfreiche Spiritualität zu gestalten?

Ich bin überzeugt, dass die Spuren der keltischen Weisheit uns Wege zu einem ganzheitlichen Leben vor Gott und für die Welt zeigen können.

2.
Das einfache Leben – ein Lob des Alltags

Die keltische Weisheit feiert das einfache Leben, denn Schönheit und Einfachheit begegnen einander im Alltag. Hier werden unsere Erkenntnisse geerdet und unsere Gebete verwurzelt.

Schönheit ist einfach

Die keltische Spiritualität feiert das einfache Leben – nicht aus Mangel an Alternativen oder aus einer grundsätzlichen Skepsis gegenüber jeglichem Luxus, sondern weil sie erkannt hat: Schönheit und Einfachheit reichen einander die Hand.

Die Stammeskultur der Iren war in vielem dem Erfahrungshorizont des alttestamentlichen Israels verwandt. Sie zeigt sich in einer herzhaften, konkreten, leiblichen und naturbezogenen Frömmigkeit im Rhythmus der Jahreszeiten und im Wechsel von Saat und Ernte, von Ruhe und Arbeit. Alles hat seine Zeit und ein jegliches Vorhaben sein Gebet:

> Wenn morgens die Sonne aufging, zogen die Leute ihre Mützen vom Kopf und beteten. Wenn die Frauen ihr Feuer anzündeten, beteten sie, und wenn sich die Kinder morgens anzogen, beteten sie. Es gab Gebete für den Beginn einer Arbeit und den Beginn einer Reise, für das Viehhüten und für das Weben, für das Pflanzen, Ernten, Ausruhen, Schlafen und Sterben.
>
> *Alexander Carmichael*

Auch das Leben verlief in der landwirtschaftlich geprägten Gesellschaft in den regelmäßigen Rhythmen des Tageslaufes, aber auch des großen kosmischen Jahreskreises. Das ist bei uns heute anders: Obwohl wir natürlich alle auch eine gewisse Struktur in unserem Alltag mit seinen Anforderungen und Bedürfnissen haben, erscheint uns die Zeit zwischen den Händen zu zerrinnen – und das, obwohl wir gegenüber unseren Vorfahren so viele technische Erleichterungen dazugewonnen haben. Aber seien wir ehrlich: Anstatt die gesparte Zeit beim Wäschewaschen in ein gemütliches Pfeifchen auf der Gartenbank zu investieren oder in einen netten Plausch mit dem Nachbarn, könnten wir ja schnell noch die Einkäufe erledigen, die Post fertig machen und unsere E-Mails beantworten. Außerdem haben wir natürlich mehr Wäsche als die Menschen früher, denn es kostet ja keine Zeit, sie zu säubern.

Zum Brunnen gehen

Es gibt es eine wunderbar weise kleine Passage im »Kleinen Prinzen« über das Einsparen von Zeit:

> Er [der Händler] handelte mit höchst wirksamen, durststillenden Pillen. Man schluckt jede Woche eine und spürt überhaupt kein Bedürfnis mehr zu trinken.
> »Warum verkaufst du das?«, sagte der kleine Prinz.
> »Das ist eine große Zeitersparnis«, sagte der Händler. »Die Sachverständigen haben Berechnungen angestellt. Man erspart dreiundfünfzig Minuten in der Woche.«
> »Und was macht man mit diesen dreiundfünfzig Minuten?«
> »Man macht damit, was man will ...«
> »Wenn ich dreiundfünfzig Minuten übrig hätte«, sagte der kleine Prinz, »würde ich ganz gemächlich zu einem Brunnen laufen ...« *Antoine de Saint-Exupéry*

Es sind scheinbar die einfachen, uralten, archaischen Dinge, die uns Vergnügen bereiten, die wir aber wegrationalisiert haben aus unserem Alltag: Niemand muss mehr zu einem

Brunnen laufen, um Wasser zu holen – sofern er nicht gerade in Afrika lebt. Aber beim Aufdrehen des Wasserhahns trifft man auch niemanden zum Gespräch, man spürt nicht die wohltuende Kühle des Brunnens im Schatten der gewaltigen Buche und man hört nicht die kleine Melodie, die das Orchester aus Kurbel, Kette, Eimer und Rost spielt, wenn der Eimer in die Tiefe gelassen wird. Man teilt auch nicht den Spaß der Kinder, die in den Brunnen spucken und zählen, wie lange es dauert, bis es ganz leise, fast unhörbar platscht. Aber man hat Wasser, jetzt und sofort, sauber und auf Wunsch in jeder beliebigen Temperatur. Das hat natürlich seine unschätzbaren Vorteile – aber es ist eben auch ein bisschen langweiliger.

Ich beobachte die wohltuende Wirkung eines Brunnens an meinem kleinen Sohn Arthur. Mit seinen eineinhalb Jahren liebt er es, seine kleine Gießkanne zu nehmen, über unseren recht großen Hof zu watscheln, die Kanne in den Brunnen zu senken, beim Herausziehen die Hälfte des Wassers zu verschütten, die Kanne zurück über den Hof zu schleppen, dabei noch einmal ein Drittel des geretteten Wassers zu verspritzen, um dann endlich einige Tropfen in den Granittrog mit den Pflanzen zu gießen – begleitet von einem heiteren Glucksen aus seiner kindlichen Kehle. Diese Prozedur kann Arthur schier unendlich wiederholen, bis ihn sein termingeplagter Vater schließlich hochnimmt und ihm unter großem Protest die geliebte Gießkanne entwendet.

Ich kann mich ungemein erholen, wenn ich dem selbstvergessenen Treiben meines Kleinen zuschaue: Ihm geht es nicht um Effizienz und schnellstmögliches Gießen, sondern ausschließlich um sein Tun. Es ist völlig zweckfrei und deswegen gelassen und schlicht. Natürlich plädiere ich nicht dafür, dass sich nun jeder von uns einen Brunnen in seinen

Garten graben und unter möglichst ausgiebigem Wasserverschütten seine Pflanzen gießen sollte. Aber wenn wir das einfache Leben kennenlernen wollen, sollten wir uns in unserem Alltag immer wieder kleine zweckfreie Aktionen gönnen – Handlungen, die nicht nach Schnelligkeit und Funktionalität zu bewerten sind, sondern nach ihrer Ursprünglichkeit und ihrem Spaßpotenzial.

Vergnügen und Pflicht

Gestern Vormittag war ich gestresst: Ich konnte einige Dateien partout nicht finden und hatte schon meine Frau im Visier, die vielleicht meine heiligen Datenträger beim Staubwischen verlegt haben könnte (deswegen sollte man immer selber Staub wischen!). Ich stand vor der Entscheidung: Entweder ärgere ich mich jetzt weiter und breche vielleicht sogar einen Streit vom Zaun – oder ich gehe raus zum Holzhacken. Ich habe mich für Letzteres entschieden und kam nach zwei Stunden völlig ausgeglichen und zufrieden wieder ins Haus, wo in der Zwischenzeit ein dampfender Kaffee auf mich wartete. Was war da geschehen? Ich hatte meinen selbst gemachten Druck in einen sinnvollen Kanal gelenkt. Und das mit einer zu diesem Zeitpunkt völlig unwichtigen Tätigkeit (wir haben bereits gehacktes Holz für die nächsten Jahre). Ich merkte, dass ich die ersten Holzklötze noch mit überschüssiger Energie so heftig spaltete, dass die Scheite meterweit davonflogen. Mit der Zeit wurde hingegen mein Atem ruhiger, meine Hand gelassener, meine Kräfte wurden eingeteilter. Schließlich war ich ganz eins mit meiner Tätigkeit, die gleichmäßig, ja fast monoton dahinfloss. Dabei unterliegt Holzhacken durchaus gewissen Gesetzmäßigkeiten und bedarf eines bestimmten handwerklichen Geschicks, aber der ganze Bewegungsablauf ist verinnerlicht. Ohne die Konzentration von meinem Hackstock abzuwenden, konnte ich wunderbar meinen Gedanken nachhängen, sie ordnen und dabei wohltuende Frühlingsluft schnappen. Und schließlich ist es ein Glücksgefühl, das nur dem Holzhacker bekannt ist, wenn die Axt millimetergenau auf der anvisierten Stelle landet, butterweich durch knirschendes Holz dringt und zwei noch nach Harz duftende Scheite links und rechts vom Hackstock fallen – das Leben ist schön! Wenn ich mir vorstelle, dass später diese beiden Scheite mit einem beredten Knacken in meinem Ofen verbrennen, wobei sie nicht nur eine angenehme Wärme, sondern auch eine behagliche Atmosphäre verbreiten, dann bin ich sehr dankbar, dass ich mir den Luxus des Holzhackens leisten kann. Nicht auszurechnen, wie viel teurer diese Heizungsart gegenüber den ohnehin schon explosionsartig gestiegenen Ölpreisen wäre, wenn ich meine »Arbeitszeit« mit dem gleichen Stundenlohn veranschlagen würde, den ich für meine hauptberufliche Tätigkeit bekomme! Gut, dass ich gestern das Vergnügen der Arbeit vorgezogen habe!

Es ist egal, mit welchen einfachen Dingen wir Ursprünglichkeit und Lebensfreude in unserem Leben entdecken: ob es das liebevoll gepflegte Blumenbeet ist oder der Gemüsegarten, der Spaziergang zur Post (obwohl die einen ganzen Kilometer entfernt ist!) oder das Pilzesuchen im Wald. Wichtig ist, dass wir sie ohne Erwartungshaltung tun und ihnen keine Funktion auferlegen. Dann wird die Freude, die uns diese Dinge oder Tätigkeiten bereiten, der Lohn für unsere Enthaltsamkeit sein.

Durchwoben vom Gebet

In der Beschreibung am Anfang dieses Kapitels steckt aber noch ein anderer wichtiger Gedanke: Alles Tun der Kelten ist durchwoben vom Gebet. Nichts ist einfach nur banal und diesseitig, sondern alles kann ein Fenster in die andere Wirklichkeit sein, die uns unmerklich umgibt. In jeglichem Tun begegnet uns die Freundlichkeit Gottes und alles ist ein Spiegelbild seiner Liebe zu uns. Wir selbst sind durch unsere Arbeit gerufen, teilzuhaben an der immerwährenden Schöpfung und der endlosen, sich ewig verschenkenden Kreativität Gottes.

Arbeit wird nicht als entfremdetes, sinnentleertes Tun erlebt oder als Fluch nach dem Sündenfall, der uns unter Mühen und im Schweiße unseres Angesichtes unser kärgliches Auskommen sichert. Wenn es uns gelingt, unsere Arbeit als Teil der göttlichen Schaffenskraft zu verstehen, finden wir ein Tor zum Glück. Es ist dabei egal, wo auf der Rangliste der gesellschaftlichen Erwartungen unsere Arbeit rangiert und wie sehr sie von unseren Mitmenschen geschätzt wird. Wichtig ist allein das Erleben: Durch unserer Hände und Köpfe Werk sind wir ein Teil des Ganzen und können etwas Sinnvolles zum Wohl aller beitragen. Deswegen bin ich davon überzeugt, dass nicht Reichtum der Schlüssel zum Glück ist, sondern Zufriedenheit.

Viele Menschen träumen von der Lottomillion. Sie ist der Inbegriff des unverdienten Glücks. Weniger bekannt ist, dass viele Lottomillionäre nach einigen Jahren in der Armut versinken: In der Euphorie des plötzlichen Gewinns haben sie die Brücken zur Arbeitswelt abgebrochen und dabei natürlich über ihre Verhältnisse gelebt. Auch die schönste Million kann irgendwann ausgegeben sein und das teuerste Auto ist eines Tages reif für den Schrottplatz. Zurück bleiben zerbrochene, sich und ihrem Tun entfremdete Menschen.

Doch das Glück kommt nicht einfach so von außen, sondern es ist schon längst da. Jesus sagt:

> Schaut euch doch um, das Reich Gottes ist mitten unter euch!
> *Lukas 17,21*

Das Feuermachen ist eine schmutzige und staubige Tätigkeit, nichts für Herren, sondern für Knechte und Mägde. Der Beter eines Feuersegens erlebte es anders. Für ihn wird das Feuermachen zum Gleichnis seiner Geborgenheit in den heiligen Ordnungen des Kosmos: Die Engel umgeben ihn und mit ihnen strahlende Schönheit! Man stelle sich diese Haltung in einer der ungezählten erbärmlichen irischen Katen des 19. Jahrhunderts vor, aus der das Gebet fürs Feuermachen stammt: Der Wind peitscht das faulende Strohdach und Regentropfen finden ihren Weg durch feuchte Winkel und ausgetretene Türstufen. In einem niedrigen, dunklen und stickigen Raum stehen auf der linken Seite der Tür (oder nennen wir es besser Eingangsloch) eine Kuh, ein Esel und drei Schafe, deren Körperwärme und dampfende Exkremente einen unverzichtbaren Beitrag zur Wärme im »Haus« leisten. Auf der rechten Seite duckt sich eine schwarz gekohlte Stube, an deren Stirnseite ein mannshoher Herd den Raum beherrscht. Außer einem groben Tisch und einigen Stühlen und Hockern sowie einer windschiefen Truhe gibt es kein Mobiliar. Auf dem Boden liegen einige Strohsäcke und nur neben dem Herd steht eine alte Bettstatt, in der die beiden alten Leute schlafen.

Der oder die Betende unseres Segens kniet vor der Feuerstelle. Inmitten dieser Erbärmlichkeit wagt er oder sie es,

Feuersegen

Ich zünde heute morgen mein Feuer an
in Gegenwart der heiligen Engel des Himmels:
in Gegenwart Ariels mit seiner strahlenden Schönheit,
in Gegenwart Uriels mit seiner unzähligen Funken
  Glanz.
Ich zünde es an ohne böse Gedanken und Neid,
ohne Eifersucht, ohne Furcht
oder Entsetzen über etwas, das lebt unter der Sonne,
nur mit dem Wunsch, Gottes heiliger Sohn möge mich
  schützen.

Gott, zünde du innen in meinem Herzen
  die Flamme an:
Liebe zu meinem Nachbarn,
zu Feinden und Freunden, meinen Verwandten,
zu den Tapferen und den Schurken und den Sklaven.

Keltisches Gebet

die strahlendsten Himmelssöhne anzurufen – ja noch mehr: ihre Gegenwart in dieser Kate zu beschwören. Doch sein Herz ist ein wahrer Palast, in dem die Liebe zu den Nächsten, ja selbst zu Feinden regiert.

Erdverbundenheit

Ich erkenne in dieser Haltung eine Demut, die heilsam ist und notwendig: Demut heißt auf Lateinisch *humilitas*, Erdverbundenheit. Mit *humilitas* ist keine feige Erniedrigung oder kriecherische Katzbuckelei gemeint, sondern eine Haltung, die sich nur die wahrhaft Freien leisten können, allen voran Christus: Freiwillig und ohne Not begeben sie sich an Orte der Bindung und der Unterdrückung. Sie sind sich nicht zu fein. Sie wissen, dass die echte Freiheit aus der Tiefe geboren wird.

Im Philipperhymnus wird diese Entäußerung besungen:

> Er, der in göttlicher Gestalt war,
> hielt es nicht für einen Raub, Gott gleich zu sein,
> sondern entäußerte sich selbst und nahm
>   Knechtsgestalt an,
> er wurde den Menschen gleich und der Erscheinung
>   nach als Mensch erkannt.
> Er erniedrigte sich selbst und wurde gehorsam bis
>   zum Tode,
> ja bis zum Tode am Kreuz.
> Darum hat ihn Gott auch erhöht
> und hat ihm einen Namen gegeben,
> der über allen Namen ist.   *Philipper 2,6–9*

Diese Erdverbundenheit ist es, die den Kelten die Einfachheit als Schönheit des Alltags offenbarte.

Für uns heute kann das heißen: Wir brauchen nicht auf der Höhe unserer Zeit zu sein. Wir brauchen uns nicht dem Diktat der Mode zu beugen. Weniger ist mehr. Die Schönheit ist allgegenwärtig. Wer Augen hat zu sehen, kann sie an allen Orten entdecken, am meisten aber im Glanz der Augen seines Nächsten, wenn er ihm Zeit und Zuwendung schenkt.

Das Einfache loben

Ich rede damit nicht einer romantischen, naiven Aussteigermentalität das Wort. Wir werden in die Bedürfnisse und mitunter Zwänge unseres Alltags eingebunden bleiben. Aber wir haben die Chance, diesen Alltag durch die Gabe der Einfachheit anders wahrzunehmen: Der Alltag ist nicht die Falle, der es zu entfliehen gilt, indem wir uns vierzehn Tage im Jahr als normierte Könige im *All-inclusive*-Urlaub von hinten bis vorne bedienen lassen. Er ist das Fenster zur Wirklichkeit Gottes, die wir in den kleinen Dingen entdecken können. Echte Spiritualität sucht nicht die geistliche Gipfelerfahrung, die *peak experience*, den letzten Kick und die Gemeinschafts-Ekstase, so beglückend all dies sein kann. Das Wahrnehmen eines geheiligten Alltags und die Ausübung schlichter, sinnstiftender Rituale machen den Gegenstand der keltischen Spiritualität aus.

Ich beschließe diese Gedanken mit einem Lob der Einfachheit. Es ist mir nach einer Woche des Schweigens an einem abgelegenen Ort erwachsen.

Schön bist du, Einfachheit! Nicht bunt will ich dich nennen, nicht interessant und auch nicht abwechslungsreich; nicht attraktiv will ich dich heißen, denn allein schön ist das angemessene Wort für deine Schlichtheit, die du trägst wie eine Königin ihre Krone:

Schönheit, die sich verbirgt in den kahlen Wänden aus wahllos zusammengetragenen Feldsteinen, die der Efeu und die Kletterrosen als Untergrund ihrer Kunst erwählten;

Schönheit, die sich verbirgt im monotonen Konzert der Grillen – üben sie die Kunst der Fuge?

Schönheit, die sich versteckt in der nackten Dunkelheit, durch keinen elektrischen Lichtschimmer belästigt und unbefleckt wie in den Tagen der Schöpfung;

Schönheit, die erwächst in den zwecklosesten, selbstgenügsamsten und nutzlosesten Improvisationen des großen Spiels: Sieh den Glühwurm am Wegesrand, in dem das Zusammenspiel von Physik und Chemie einstimmt in den Jubel der Kreatur. *Andy Lang*

3.
Das Auge des Erkennens – vom Wesen der Freundschaft

Freundschaft ereignet sich in Freiheit und
Wahrheit. Die liberale Verbundenheit mit
einem Menschen macht uns verletzlich
und transparent. Sie ist eine der größten
Segnungen in unserem Leben.

Vertraut gemacht

Eine der größten Segnungen unseres Lebens ist die intime Zuwendung zu einem anderen Menschen, die wir Freundschaft nennen. Doch anders als die Gastfreundschaft, die eher einer momentanen Zuwendung entspricht, kann die einmal geschlossene Freundschaft nicht leichtfertig beendet werden. Diese Wahrheit beschreibt der Dichter Antoine de Saint-Exupéry in seinem zauberhaften Buch *Der Kleine Prinz* in einem Gespräch zwischen dem Fuchs und dem Prinz:

> »Bitte ... zähme mich«, sagte er [der Fuchs].
> »Ich möchte wohl«, antwortete der kleine Prinz, »aber ich habe nicht viel Zeit. Ich muss Freunde finden und viele Dinge kennen lernen.«
> »Man kennt nur die Dinge, die man zähmt«, sagte der Fuchs. »Die Menschen haben keine Zeit mehr, irgendetwas kennen zu lernen. Sie kaufen sich alles fertig in den Geschäften. Aber da es keine Kaufläden für Freunde gibt, haben die Leute keine Freunde mehr. Wenn du einen Freund willst, so zähme mich. [...]«

Nachdem der kleine Prinz dies getan hat und die beiden Freunde geworden sind, naht die Stunde des Abschieds. Der Fuchs gibt ihm ein Geheimnis mit auf den Weg:

> »Die Menschen haben diese Wahrheit vergessen«, sagte der Fuchs. »Aber du darfst sie nicht vergessen. Du bist zeitlebens für das verantwortlich, was du dir vertraut gemacht hast.« *Antoine de Saint-Exupéry*

Anam Cara

Aus den irischen Klöstern des frühen Mittelalters kennen wir die Institution des *Anam Cara*. *Anam* heißt Seele, *Cara* ist der Freund. Die Seele dürfen wir aber nicht im Sinne der griechischen Metaphysik als ein feinstoffliches Etwas verstehen, das nach unserem Tod »davonfliegt«. Als Naturvolk waren die Kelten nicht fern vom hebräischen Verständnis der Seele: Sie ist der Hauch Gottes, der unser Leben erst zu etwas Lebendigem, Fruchtbarem und Einzigartigem macht. Man könnte sie also auch als unseren Wesenskern bezeichnen, oder noch umfassender: als unser Leben.

Der *Anam Cara* ist also der Freund, mit dem wir unser Leben teilen, dem wir uns zu erkennen geben mit all unseren Abgründen und Untiefen und vor dem unsere Masken der Selbststilisierung nicht mehr nötig sind.

In den Klöstern war der *Anam Cara* Vertrauter, Beichtvater, Mentor, mütterliche Freundin und väterlicher Freund in einem. Der Novize suchte seinen weisen Rat, und seiner strengen Ermahnung unterwarf er sich nicht aus Zwang, sondern durch die in Generationen gewonnene Einsicht, dass wir für wichtige Entscheidungen oder Schritte in unserem Leben oft ein distanziertes, aber liebevolles Korrektiv brauchen.

Dabei spielten hierarchische Ordnungen kaum eine Rolle, ganz im Gegensatz zur Entwicklung der Ordensregeln auf dem Kontinent. Die Freiheit und Zwanglosigkeit ist bei aller Konsequenz die Bedingung, damit der *Anam Cara* seine heilende Kraft entfalten kann. Wenn ich mich jemandem bedingungslos öffne und die Schranken meines Selbstschutzes fallen, hat dieser Mensch große Macht über mich. Diese Macht kann missbraucht werden. Durch die Jahrhunderte erlitten dies leider unzählige Menschen in dem so wertvollen Sakrament der Beichte, weil die Reinheit und Heilkraft der Beichte verloren ging oder an Kraft verlor durch eine anmaßende und falsche Autorität, unwürdige Beichtväter, die selbst in ihrer Schuld gefangen waren, und durch eine umfassende Pädagogisierung der Beichtinstitution.

Doch wie viel persönliches Leid, Enttäuschungen oder sogar krankhafte Projektionen und Verhärtungen könnten wir vermeiden, wenn jeder und jede von uns einen *Anam Cara* hätte, ein Vorbild, einen Ratgeber, einen Freund. Jemanden, dem wir unsere Verstrickungen und unser Gefangensein in unguten Beziehungen und Strukturen bekennen könnten. Und jemanden, der uns mit Einfühlsamkeit, Zärtlichkeit und Vollmacht davon befreien könnte.

Gerade wir Männer neigen dazu, unsere Probleme mit uns selbst auszumachen, und unseren Jungen fehlt die weise und konsequente Anleitung durch einen älteren Geschlechtsgenossen. Der Initiationsritus, die Aufnahme des Jugendlichen in die Welt der Erwachsenen, könnte die Ermutigung bedeuten, selbst *Anam Cara* zu sein. Wir ahnen, dass unsere Institutionen der Konfirmation und des Patenamtes nur schwache Reminiszenzen an dieses Wissen um den Segen der Freundschaft darstellen.

Ich selber hatte das große Glück, als Jugendlicher einen väterlichen Freund zu finden, der mir nicht nur Vorbild und Leitfigur war, sondern eben auch: ein echter Freund. Ich empfand trotz unseres Altersunterschieds und seines immensen Erfahrungsvorsprungs kaum ein Gefälle zwischen uns. Mein Freund war weise genug, sich seine Überlegenheit nicht anmerken zu lassen, sondern gab mir hin und wieder das Gefühl, auch von mir lernen zu können und ernsthaft an meiner Meinung und Einstellung interessiert zu sein. Nie ging es ihm darum, zu dozieren, und immer war er an meiner Entwicklung interessiert. Umgekehrt erzählte er auch mir so manche Schwierigkeit in seinem Leben und bat mich um Rat. So war der Fluss zwischen Geben und Nehmen im Gleichgewicht, obwohl ich sicher wesentlich mehr empfangen habe, als ich geben konnte. Doch heute weiß ich: Ich kann diesen Überschuss nun selber an die nächste Generation weitergeben. Der Ausgleich muss nicht zwangsläufig zwischen zwei Freunden hergestellt werden, sondern wird sich von selbst einstellen, wenn man ein offenes Herz behält.

Noch heute frage ich meinen Freund um Rat, erzähle aus meinem Leben und nehme Anteil an seinem Leben, auch wenn sich unser Erfahrungsunterschied mit den Jahren etwas eingeebnet hat. Ich betone dies, weil der *Anam-Cara*-Erfahrung eine Unterscheidung in oben und unten wesensfremd ist. In ihr nehmen sich Menschen in ihrer Bedürftigkeit wahr: Der eine empfängt und wächst dadurch, der andere kann weitergeben und wächst dadurch ebenso.

Ein anderer Freund, der jährlich ein großes Fest unter seiner alten Kastanie gibt, lebt das Leben eines Ritters. Natürlich hat ein Ritter auch Knappen, junge Burschen, die ihm zu Diensten sein müssen, im Gegenzug aber von ihm in allerlei Handwerkskünsten unterwiesen werden und ganz unbemerkt und nebenbei die größte Kunst dabei erlernen: das Leben selbst. Wer bei dem Ritter Knappe werden will, muss vorstellig werden, seinen Wunsch begründen und wird dann in einem kleinen Ritual, bei dem er verschiedene Aufgaben bewältigen muss, als Knappe angenommen. Seine Knappenzeit beträgt zwischen drei und fünf Jahren. In dieser Zeit begleitet der Knappe seinen Herrn auf Reisen (zum Beispiel auf mittelalterliche Märkte), hilft ihm in Haus und Hof und stellt sich selbst alle Utensilien her, deren ein Ritter bedarf. Erst wenn sein »Rüstzeug« fertig ist, kann er selbst zum Ritter geschlagen werden. In all dieser Zeit mimt der ritterliche Freund nicht den über allen Dingen stehenden Helden, sondern lässt auch seine Knappen – soweit sie das wollen – Anteil haben an den Fragen und Nöten seines Lebens. Schließlich wird der junge Mann nach einer im Gebet durchwachten Nacht in den Stand der Ritter aufgenommen.

Diese Praxis mag uns fremd und antiquiert erscheinen und dennoch beinhaltet sie eine große Wahrheit: Wir alle, und besonders unsere jungen Männer und Frauen, brauchen eine integre Führungspersönlichkeit neben unserem Vater und unserer Mutter, mit denen uns viel zu viel Familiengeschichte und Gefühlswelten verbindet. An unseren Eltern müssen wir uns in der Adoleszenz reiben und uns schließlich von ihnen »befreien«. Von einem väterlichen Freund oder einer mütterlichen Freundin können wir jedoch auf einer anderen Ebene vieles annehmen und lernen. Dazu braucht es aber ein gerüttelt Maß an Verbindlichkeit. Ohne Bindung gibt es keinen Begriff von Freiheit. Sind wir bereit, uns auf einen anderen Menschen wirklich bedingungslos einzulassen?

Das Gegenüber erkennen

Vielleicht erschrecken wir, weil wir ahnen, dass wahre Freundschaft nicht billig zu haben ist. Sie ist mehr als das Teilen gemeinsamer Interessen oder netter gemeinsamer Aktionen: Ihr innerstes Wesen ist die Liebe. Doch niemand kann uns so tief verletzen und unser Herz so sehr in Gefahr bringen wie der Mensch, den wir lieben. Die Bibel hat ein wunderbares Bild von dieser Liebe. In der zweiten Schöpfungsgeschichte heißt es: Adam erkannte Eva. Damit ist unendlich viel mehr ausgesagt, als dass die beiden Sex hatten. Das hebräische Wort für »erkennen« bedeutet ein gänzliches Eindringen in den Gegenstand der Erkenntnis. Dem ganzheitlichen hebräischen Denken entsprechend umfasst dies die emotionalen, kognitiven und unbewussten Ebenen unseres Seins. Wie hohl und leer erscheint dagegen eine Verbindung, die allein auf der körperlichen Ebene zustande kommt – obwohl dies eigentlich ein Ding der Unmöglichkeit ist, denn auch unser Körper, und in ihm all die Milliarden von Zellen, fühlt, spürt, denkt und erinnert. Es gibt also nur ein ganzheitliches Erkennen, wenn der Begriff Sinn haben soll.

Das Pendant zum vollständigen Eintauchen in das geliebte Gegenüber ist die Bereitschaft zur gänzlichen Offenheit. Dabei geht es nicht darum, für alles offen zu sein, sondern darum, für diesen einen Menschen ganz offen zu werden. Damit sind wir an dem Punkt unserer Verletzlichkeit angelangt. Wen wir zu unserem inneren Wesenskern vordringen lassen, dem geben wir damit Macht über uns. Vielleicht trauen wir uns nicht einmal selbst so weit über den Weg, dass wir selbst die Reise ins Innere unseres Herzens angetreten hätten.

Wem wir diese Pforte jedoch öffnen, der muss unseres Vertrauens würdig sein. Er wird mehr sein als ein Bekannter oder einer von vielen Freunden. Und dennoch können wir nicht garantieren, dass trotz allen Vertrauens, trotz aller Vorsicht und Gegenseitigkeit die Reise ans Ziel gelangt. Menschen sind Mysterien. Wir verändern uns – nicht selten unverblümt und unvorhergesehen. So können auch Seelenfreunde einander fremd werden und sich nichts mehr zu sagen haben. Anziehungskraft und Ausstrahlung des anderen gehen verloren, die Magie weicht der Ernüchterung und Enttäuschung.

Der große Freund

Diese Krise kann die *Anam-Cara*-Beziehung überstehen, wenn es beide wollen und das Gebet als heilende Kraft nutzen. Unser erster und vornehmlichster *Anam Cara* kennt uns besser als wir uns selbst. Er kennt die dunklen Punkte unserer Seele, unseren heimlichsten Schrei nach Anerkennung und unseren Wunsch, gesehen zu werden. Er berührt beides in uns und will uns in sein Ebenbild hineinverwandeln.

Im 15. Kapitel des Johannesevangeliums sagt Jesus in seiner Abschiedsrede zu seinen Jüngern:

> Niemand hat größere Liebe als die, dass er sein Leben lässt für seine Freunde.
>
> Ich sage hinfort nicht, dass ihr Knechte seid; denn ein Knecht weiß nicht, was sein Herr tut. Euch aber habe ich gesagt, dass ihr Freunde seid; denn alles, was ich von meinem Vater gehört habe, habe ich euch kundgetan.
>
> Nicht ihr habt mich erwählt, sondern ich habe euch erwählt und bestimmt, dass ihr hingeht und Frucht bringt ...
>
> Das ist mein Gebot, dass ihr euch untereinander liebt, wie ich euch liebe. *Johannes 15,13.15–16.12*

Das Leben lassen für den Freund muss nicht allein wörtlich verstanden werden. Es kann auch bedeuten, dass wir bereit sind, Abschied zu nehmen von unserer Vorstellung unseres gemeinsamen Lebens. Wie oft ertönt zwischen Partnern der verbitterte Satz: »So habe ich mir das nicht vorgestellt.« Und wie schwer ist es, aus dem Korsett seiner Vorstellungen, seiner Wünsche und seiner Erwartungen an den anderen herauszutreten!

Tanz der Freundschaft

Dabei kann uns nur die Liebe helfen, die nicht von uns kommt und die wir nicht machen können. Wir können sie nur staunend empfangen und versuchen, uns ihrer würdig zu erweisen. Was Paulus in seinem berühmten 13. Kapitel im ersten Brief an die Korinther schreibt, geht weit über menschliche Möglichkeiten hinaus. Wer seine Worte als Grundanforderungen an unsere Liebe versteht, muss verzweifeln. Die Liebe lässt sich nicht erarbeiten oder erkämpfen. Sie kann uns nur als Geschenk begegnen.

Ein wunderbares Bild der vollkommenen Liebe ist das der göttlichen *Perichorese*, der immerwährenden und immer neuen Durchdringung der drei göttlichen Personen in der einen Gottheit. Gott Vater, Sohn und Heiliger Geist bewegen sich im ewigen Tanz der Freundschaft. Gott ist kein einzelnes Wesen, so distanziert und abgehoben in seiner Majestät und Heiligkeit, dass er Welten über allem anderen Sein schweben würde. Gott sitzt nicht in monarchischer Einsamkeit auf einem goldenen Thron hoch über den Köpfen seines Hofstaates. Das mag etwas für orientalische Herrscher gewesen sein. Gott ist dagegen Intimität, Freundschaft, Verständnis, Zärtlichkeit und ja natürlich: Gott ist Liebe. Und er ist dies alles zuerst für sich selbst. Und dann zu uns Menschen und zu seinen Geschöpfen. Hinter dieser Vorstellung von der *Perichorese* steht die weise Ahnung, dass Freundschaft durch Anderssein und Gleichsein zugleich entsteht. Gott ist mit sich selbst eins. Und dennoch unterscheidet er sich von sich selbst und begegnet uns als der Schöpfer und Erhalter, als der Bruder und Freund sowie als der Geist, der uns am Leben erhält und in uns lebt. Gott ist ein immerwährendes Ineinanderfließen von Freundschaft.

Die Liebe ist langmütig und freundlich,
die Liebe eifert nicht,
die Liebe treibt nicht Mutwillen,
sie bläht sich nicht auf,
sie verhält sich nicht ungehörig,
sie sucht nicht das Ihre,
sie lässt sich nicht erbittern,
sie rechnet das Böse nicht zu,
sie freut sich nicht über die Ungerechtigkeit,
sie freut sich aber an der Wahrheit,
sie erträgt alles, sie glaubt alles, sie duldet alles.
Die Liebe hört niemals auf ...   *1. Korinther 13,4–8*

Zärtliche Zuneigung

Seine Freundschaft zu uns verwirklicht Gott durch seinen Sohn. Jesus sagt: Ich nenne euch Freunde! Er ist das Abbild der göttlichen Liebe, er ist der Ur-Andere des Universums, aber für den Mikrokosmos deiner und meiner Seele ist er der *Anam Cara*, der wahre Seelenfreund. Durch die Freundschaft zu ihm treten wir ein in die zärtliche Zuneigung und in die Schönheit der göttlichen Liebe. Und das Beste daran ist: Wir müssen und können dafür nichts tun. Es ist keine Freundschaft, die wir uns erkaufen oder erarbeiten müssten. Sie ist schon längst da. Hören wir ihren Ruf?

Gott – so sagt das Bild der Trinität – ist eine »Sein-in-Beziehung«. In Gott selbst lebt die Freundschaft.

Natürlich kann man philosophisch fragen, ob es angemessen sei, die Quelle allen Seins selbst als Sein zu bezeichnen und somit auf die Ebene der Geschöpflichkeit zu bringen. Solches Denken ist dem keltischen Empfinden jedoch fremd. Ihm geht es um den bildhaften, den konkreten Ausdruck eines Geheimnisses, das unsere Vorstellung übersteigt: Die Freundschaft ist die Quelle unseres Glücks, weil wir als Menschen auf Beziehung angelegt sind und uns nach Erkennen und Erkannt-Werden sehnen. Und die Quelle der Freundschaft ist Gott selbst, der drei in einem ist.

Freunde

Spazieren gehen in deiner Seele
Kann ich nicht.
Aber du hast mir Fenster geöffnet
Zu dem, was dich bewegt,
Und ich habe Einblicke gefunden
In dein Herz.
Gespürt habe ich seine Regungen
Und gelauscht
Und verstanden,
Was für mich bestimmt war.
Vertraut bist du mir
Und fremd.
Und ich freue mich
Über beides.

Ein kleiner Abschnitt des Weges,
Den du gehst,
War auch mein Weg.
Und ich habe die Blumen gerochen,
Die ihren Duft dahingaben
Am Wegesrand,
Und habe den Horizont geahnt,
Der sich hinter den Wolken verbarg,
Und ich habe die kleinen Steine gehört,
Wie sie unter deinen Füßen
Und meinen Füßen
Ihr eigenes Lied gesungen haben.
Dann habe ich die Vögel gesehen,
Die mit ihrem Zug

Zum Aufbruch mahnten,
Und ein Lächeln stand in deinem Gesicht.

Meine Seele wird offen sein
Für die Zeichen deiner Gegenwart
In den kleinen und großen Dingen.
Ihre Botschaft ist leicht
Und ihre Wahrheit tief:
Du bist,
Du warst,
Du wirst sein
Auf deinem Weg,
Den ich ein Stück mitzugehen
Eingeladen war
Und bin
Und sein werde ...

Andy Lang

4.
Die ausgestreckte Hand – Gastfreundschaft als Lebensstil

Das Wesen und die Kunst der Gastfreundschaft sind ein Schlüssel zum Verständnis keltischer Spiritualität und ihrer Ausstrahlungskraft auf uns heute. Wer großzügig lebt, wird Engel beherbergen und reich beschenkt werden.

Großzügig leben

Schon in vorchristlicher Zeit war Großzügigkeit eine der drei wichtigsten keltischen Tugenden. Mit ihr ging die Gastfreundschaft einher, die nicht nur eine nette Geste, sondern heilige Pflicht war. Im römischen Kulturkreis war der Fremde zunächst einmal eine Bedrohung: Unser deutsches Wort Gast ist vom Wortstamm her verwandt mit dem indogermanischen *ghost*, was so viel bedeutete wie »Fremdling«, und dem lateinischen *hostis*, das wiederum als »Feind« übersetzt wird. Dem Fremden wurde also erst einmal Misstrauen entgegengebracht, denn er könnte ja Böses im Schilde führen. Ganz anders empfanden die Kelten: Sie dachten nicht von sich her, sondern versetzten sich in die Perspektive des Gastes. Ein Fremder brauchte Schutz, denn er befand sich außerhalb seines Zugehörigkeitskreises. Den Unbilden des Wetters war er genauso ausgeliefert wie der Willkür der Menschen, denen er begegnete. Darum galt er als besonders schützenswert. Genauso war das hebräische Volksempfinden, das viele Parallelen zum keltischen Geist aufweist: Im 22. Kapitel des Buches Exodus finden sich Bestimmungen, wie die Zehn Gebote ausgeführt werden sollen. An herausragender Stelle heißt es:

> Die Fremdlinge sollst du nicht bedrängen und bedrücken; denn ihr seid auch Fremdlinge in Ägypten gewesen ... Wirst du sie bedrücken, werden sie zu mir schreien, und ich werde ihr Schreien erhören!
>
> *2. Mose 22,20.22*

Gerade weil die Erfahrung des Ausgeliefertseins und Fremdseins bis hin zu Unterdrückung die Erfahrung des

Gottesvolkes ist, ist die Gastfreundschaft ein Gebot Gottes. Aus dem gleichen Kapitel stammt der berühmte Satz, den Jesus über 500 Jahre später in der Bergpredigt auf seine Situation deutet:

> Wenn du den Mantel deines Nächsten als Pfand nimmst, sollst du ihn wiedergeben, bevor die Sonne untergeht, denn sein Mantel ist die einzige Decke für seinen Leib. Worin soll er sonst schlafen? Wird er aber zu mir schreien, so werde ich ihn erhören, denn ich bin gnädig. *2. Mose 22,25–26*

Ich staune darüber, wie konkret und handfest dieses Mitempfinden mit dem Fremden und seinen Nöten und Bedürfnissen ist. Ich spüre: Hier weiß jemand, wovon er spricht. Hier hat jemand die Not des Fremd- und Armseins am eigenen Leib verspürt. Ihm blieb nur noch ein Mantel, der gleichzeitig als Schlafsack diente und auch den soll er noch zum Begleichen seiner Schulden hergeben. Doch so weit soll es nicht kommen und der Fremde soll wenigstens vor der Kälte geschützt sein. Wer schon einmal in Irland lange zu Fuß draußen unterwegs war, weiß um den Segen eines guten Mantels und um die Gnade eines wärmenden Feuers am Abend.

Erstaunlich finde ich die Begründung von Gottes Eingreifen, wenn dem Fremden nicht die gebührende Gastfreundschaft zuteilwird: »denn ich bin gnädig«. Gnade erscheint vielen von uns heute eine fromme, aber recht leere Vokabel zu sein. Das hebräische Wort *chäsed* dagegen wirkt viel lebendiger: Es bedeutet Zuwendung und Treue. Weil Gott sich dem Fremden zuwendet, weil er sich bildlich herabneigt, sind auch wir gerufen, ihm darin zu folgen.

Den Gast genießen

In einem irischen Gedicht mit dem sprechenden Titel »Gastfreundschaft« wird noch mehr getan, als die Pflicht gebietet:

Gastfreundschaft

> Ich traf gestern einen Fremden, setzte ihm Essen vor,
> füllte den Becher, spielte Musik für sein Ohr.
> Und der Fremde, im Namen Gottes, der der Dreieinige ist,
> gab meinem Haus seinen Segen, meinen Lieben und auch meinem Vieh.
> Und über dem Dach die Lerche, sie jubelt: Oft und oft und oft
> geht in der Bitte des Fremden Christus durch unseren Ort.
>
> *Keltisches Gedicht*

Essen und Trank, das kann man einsehen, das sind die ursprünglichen Bedürfnisse des Fremden. Doch dann kommt das Überraschende: »Ich spielte Musik für sein Ohr.« Hier beginnt die Pflicht zur Lust zu werden, aus der Notwendigkeit wird die gemeinsam geteilte Freude. Ich stelle mir vor, wie der Gastgeber zur Gitarre greift und dem Fremden eine lustige Melodie vorspielt, um ihn aufzuheitern – bald schon aber greift auch der Fremde in seine abgetragene Jacke und bringt eine Blechflöte zum Vorschein, der er die hellsten und silbrigsten Töne entlockt. Die beiden – Gastgeber und Gast – beginnen, Gefallen aneinander und miteinander zu finden, und so spielen sie bis in die Nacht hinein: Eine Melodie jagt die andere, eine Ballade eröffnet den Raum zur nächsten und die durch Gesang und Spiel in Anspruch genommenen Kehlen bleiben fürwahr nicht trocken!

In der sehnsuchtsvollen Ballade *Song for Ireland* heißt es in einer Strophe:

> Talking all the day
> The true friends are trying to make you stay.
> Telling jokes and news
> and singing songs to pass the time away.
> *Traditional*

> (Den ganzen Tag währt das Gespräch
> und die wahren Freunde versuchen, dich zum Bleiben
>   zu überreden.
> Sie erzählen dir Witze und Neuigkeiten
> und sie singen Lieder und du merkst gar nicht,
>   wie die Zeit vergeht.)

Eine Frage des Herzens

Heinrich Böll beschreibt in seinem Kultbuch »Irisches Tagebuch« eine Begegnung mit einem ihm fremden uralten Mann auf einer kleinen Insel mitten in Shannon. Diese Begegnung fand 1956 statt, doch sie scheint aus einer uralten Zeit zu uns herüberzukommen:

> Der alte Mann ist 88 Jahre alt ..., er wurde geboren, als Rumänien noch nicht war, was es schon lange nicht mehr ist: noch kein Königreich ... Die Ruine, vor der er

saß, war die einer Scheune aus dem Anfang unseres Jahrhunderts, aber fünfzig Schritte weiter stand eine aus dem 6. Jahrhundert; hier baute St. Ciaran of Clonmacnoise vor vierzehnhundert Jahren eine Kirche. Wer nicht den speziellen Scharfblick eines Archäologen mitbringt, wird die Mauern aus dem zwanzigsten nicht von denen aus dem sechsten Jahrhundert unterscheiden können; grün überglänzt sind sie alle, mit goldenen Sonnenflecken bedeckt.

... Zuerst mußte Tee, viel Tee getrunken und viel erzählt werden, und die Besucher mußten ihren Tribut an Neuigkeiten entrichten; denn trotz Radio und Zeitung hat doch die Neuigkeit aus dem Mund dessen, dem man die Hand gedrückt, mit dem man Tee getrunken hat, *sie* hat das eigentliche Gewicht ... [Ich wurde] abgelenkt durch Kinder, Enkel und Urenkel des Alten, die ins Esszimmer hineinschauten oder Tee, Wasser, Brot Kuchen brachten (eine Fünfjährige kam mit einem halben Keks und legte ihn als Zeichen ihrer Gastfreundschaft auf den Tisch) ... *Heinrich Böll*

Es sind nicht die großen, die heroischen Gesten, hollywoodtauglich inszeniert, die die Gastfreundschaft ausmachen. Es sind die kleinen, alltäglichen, fast schon unbewussten Dinge, die Gastfreundschaft zu einem Lebensstil werden lassen. Kein Fünf-Gänge-Menü, kein erlesener französischer Wein und auch kein exquisiter *Single-Malt*-Whisky, kein gediegenes Ambiente. Gastfreundschaft ist keine Frage der materiellen Möglichkeiten, sondern eine Frage des Herzens. Hier kann ein halber, angebissener Keks dem Kaviar den Rang ablaufen. Zweier Dinge bedarf es jedoch, um Gastfreundschaft leben zu können: Zeit und Empathie.

Ich war vor Kurzem zum ersten Mal bei einem neuen Arzt in der Sprechstunde. Als er das keltische Kreuz auf meiner Brust sah, spürte ich, wie seine Augen zu leuchten begannen. Und ganz abseits unseres medizinischen Themas erzählte er mir warum: Vor Jahren war er mit einem Segelboot und einer Mannschaft Hobbysegler vor der irischen Nordwestküste in einen heftigen Sturm geraten. Es war stockfinster, und obwohl das Boot nur wenige Hundert Meter vor einer natürlichen Bucht von den Wellen hin- und hergeschleudert wurde, gelang es ihnen nicht, in die ruhigeren Gewässer der Bucht einzufahren. Erst am Morgen, als alle schon am Ende ihrer Kräfte und verzweifelt waren, konnte die Mannschaft die Bucht erreichen und dort vor Anker gehen. Todmüde fielen die Männer in die Betten ihrer Kajüte. Kurze Zeit später wurden sie jedoch durch ein heftiges Pochen aus dem Schlaf gerissen: Fischer und Bewohner der nahen Küste hatten das Boot entdeckt und sich mit Proviant und guten Worten auf den Weg gemacht, um die verzagten Männer zu trösten und zu stärken. Der Arzt sagte, so eine Gastfreundschaft hatte er noch nie erlebt, und von da an war seine Bewunderung für die keltische Lebensweise geweckt.

Dabei hatten die Iren doch nur das Naheliegende getan: Sie hatten vor ihrer Haustür Menschen in Not geholfen. Doch offensichtlich ist das Naheliegende nicht immer das Selbstverständliche.

Alter spielt keine Rolle

Ich selbst erlebte als junger Mann eine Gastfreundschaft, die mich nachhaltig beeindruckte: Ich hatte nach dem Abitur für ein Jahr eine Stelle als Pflegeassistent in einem kleinen Dorf in Südostengland angenommen. Zunächst fühlte ich mich ziemlich fremd und entwurzelt. Eine Kollegin überredete mich jedoch gleich in meiner ersten Woche, in den dortigen Kirchenchor mitzukommen. Kaum hatte ich die Kirche betreten, kam ein fröhlicher Alter auf mich zu und verkündete nicht ganz ohne Stolz in der Stimme: *»Hello, my name is Don and I've been singing in this choir for 75 years now.«* (Hallo, ich heiße Don und singe seit 75 Jahren in diesem Chor.)

Ich fühlte mich leicht veräppelt, aber immerhin freundlich aufgenommen. Nach der Chorprobe kam ein vergleichsweise jüngerer Herr (er war geschätzte 50 Jahre alt und nach mir das jüngste Chormitglied) zu mir, stellte sich als Michael vor und lud mich für den kommenden Sonntag zum Mittagessen zu sich und seiner Familie ein. Um es kurz zu machen: Michael und ich wurden Freunde, seine Familie war ein Jahr lang meine Familie, und meine Einsamkeit in Cavendish hatte schnell ein Ende. Mit Begeisterung sang ich in diesem seltsamen Chor, für den der Kneipenbesuch nach der Chorprobe nicht nur Gewohnheit, sondern Pflicht war. Michaels Gastfreundschaft und die Offenheit und Freundlichkeit dieser ziemlich grauen Eminenzen vollbrachten das Wunder, dass ein knapp Zwanzigjähriger Freundschaft mit Menschen schloss, die mehr als dreimal so alt waren wie er. Und dabei blieb es nicht: Natürlich brachte nun auch ich den ein oder anderen Kollegen mit in diesen Chor und die Stimmfrische veränderte sich erfreulich. Übrigens erfuhr ich schon am ersten Sonntag von meinem Mentor Michael, dass Don mich nicht angeschwindelt hatte: Er, der aussah wie Anfang siebzig, war mit sieben Jahren in den Chor eingetreten und hatte ihm seitdem ohne Unterbrechung die Treue gehalten. Als ich zehn Jahre später wieder einmal Cavendish besuchte, traf ich auf einen erbosten Don, der doch sonst immer so fröhlich gewesen war. Er beschwerte sich auf das Bitterste über die Lokalzeitung, die einen einseitigen Bericht über einen Sänger gebracht hatte, der schon seit 82 Jahren in seinem Chor sang – das sei ja gar nichts, schnaubte Don, denn er brächte es jetzt auf 85 Jahre!

Orte der Kraft

Zurück nach Irland: In den Klöstern der frühen irischen Kirche war die Gastfreundschaft ein wesentliches Merkmal gelebten Glaubens: Nicht nur Durchreisende, Flüchtlinge und Bedürftige fanden dort einen Ort der Ruhe und der Kraft, sondern Tausende junger Menschen – zum Teil auch aus Kontinentaleuropa – pilgerten dorthin, um Rat zu bekommen und zu lernen. In unserer Zeit wird eine solche konsequente Gastfreundschaft von den Brüdern der *Communauté de Taizé* in Burgund gelebt: Zigtausende meist junge Menschen treffen jedes Jahr dort ein, um ein oder zwei Wochen am geistlichen und fröhlichen Leben der 100 Brüder teilzunehmen. Vor 1400 Jahren freilich blieben die Besucher länger, absolvierten ein Studium und wurden oft selbst zu Mönchen. Das Kloster in Derry, das Columcille gegründet hatte, speiste jeden Tag 1000 Menschen – ein Glanzstück frühmittelalterlicher Logistik, denn die Speisen konnten ja nicht im nächsten Supermarkt gekauft werden, sondern mussten erst einmal erwirtschaftet werden – und auch über den langen nordirischen Winter hindurch frisch gehalten werden.

Die heilige Brigid, Äbtissin des Klosters Kildare südlich der *Wicklow Mountains*, hatte die Vision einer Gemeinschaft, die den Armen dient. Sie singt:

> Ich würde die Armen an meiner Tafel willkommen
> heißen, denn sie sind Gottes Kinder.
> Ich würde die Kranken an meiner Tafel willkommen
> heißen, denn sie sind Gottes Freude.
> Der Arme soll mit Jesus am höchsten Platz sitzen und
> der Kranke soll mit den Engeln tanzen.
>
> *Brigid von Kildare*

Sich unterbrechen lassen

Zeit und Empathie sind die Wurzeln der Gastfreundschaft. Dazu gehört auch die Bereitschaft, sich unterbrechen zu lassen – und dies ist weder damals noch heute eine leichte Kunst. Wie sehr sind wir eingebunden in unsere täglichen Aufgaben, unsere beruflichen Anforderungen und unsere familiären Verpflichtungen. Wir leben in einer Zeit, in der sich selbst Freunde kaum mehr unangemeldet besuchen können, ohne die Gesetze der Höflichkeit zu missachten. Wie viel schwieriger ist es, sich fröhlichen Herzens Zeit für einen Fremden zu nehmen. Der Kirchenvater Johannes Cassian berichtet von einem Besuch in einem Kloster voller fastender Mönche. Doch als die Gäste kamen, wurde die Tafel gedeckt und ein bescheidenes Fest gefeiert, natürlich mit Speis und Trank. Auf diese »Fastensünde« angesprochen, erwiderte einer der Brüder: »Fasten ist etwas, das ich ständig tue, weil ich es gewählt habe. Aber Liebe ist keine Frage der Wahl. Euch Gastfreundschaft anzubieten, bedeutet, das Gesetz der Liebe zu erfüllen; es bedeutet, Christus aufzunehmen.«

Es ist bemerkenswert, dass diese Brüder die Erfüllung der Liebe darin erkennen, mit ihren Gästen zu feiern. Sie hätten ja auch einfach nur für deren Bedürfnisse sorgen können, ohne ihr Fasten zu unterbrechen. Aber es geht ihnen nicht nur um die körperlichen Bedürfnisse, sondern um den ganzen Menschen – und der braucht Geselligkeit und Gemeinschaft. Wie viel besser schmeckt ein gemeinsam geleertes Glas einfachen Weins als eine einsam getrunkene Karaffe edelster Rebsorte? Hier erkennen wir die gleiche Haltung wie in dem oben genannten Gedicht der Gastfreundschaft, in dem nicht nur für Essen und Trinken, sondern auch für Musik gesorgt wurde.

Beide Beispiele der Gastfreundschaft betonen noch einen weiteren Gedanken: Geben und Nehmen befinden sich in einem ständigen Fluss. Nur wer Angst hat, zu kurz zu kommen, muss seine Leistungen penibel aufrechnen. Aber er bringt sich damit um den Lohn der (Gast-)Freundschaft: Christus selbst könnte der sein, dem da unbewusst gedient wird. Das Gedicht sagt es auf poetische Weise: »Oft und oft und oft geht in der Bitte des Fremden Christus durch unseren Ort.«

Engel beherbergen

Eine Geschichte von Cuthbert, dem späteren Abt des nordostenglischen Klosters Lindisfarne, macht diese Erfahrung konkret: Als junger Mönch war Cuthbert für die Gäste seines Klosters zuständig. Eines Tages traf er im Winter einen Jungen, ausgehungert und vor Kälte zitternd. Cuthbert brachte ihm Wasser, damit er sich waschen konnte, wusch selbst die Füße des Jünglings, wie es Christus für Petrus gemacht hatte, und trocknete sie an seiner Brust. Als Cuthbert nach dem Stundengebet das Essen brachte, war der Junge fort – doch es waren keine Spuren im Schnee zu sehen, die vom Kloster fortführten. Als der junge Mönch verwirrt in die Speisekammer zurückkehrte, lagen dort drei frisch gebackene Brote, die noch dufteten. Für Cuthbert war der Fall klar: Er hatte einem Engel gedient. So war es ihm ergangen wie Abraham, der im Hain zu Mamre drei Fremde beherbergt hatte, die er später als Boten Gottes erkannte.

Meine Frau und ich haben das so ähnlich auch selber erfahren: Weil uns Gastfreundschaft sehr wichtig ist, wir aber in unserer Wohnung keinen Platz für viele Menschen haben, kamen wir auf die Idee, den Dachboden unserer Scheune mit Stroh zu füllen und mit einfachen Mitteln gemütlich zu gestalten. Schnell fanden sich auch einige alte, rustikale Bettgestelle. Nun gibt es für bis zu zwanzig Menschen eine gemütliche Übernachtungsgelegenheit, die von manchen unserer Besucher sogar lieber genutzt wird als ein Bett in unserem Haus. Eine Freundin, die mit ihren beiden Kindern dort übernachtete, schrieb uns: »*You've created a safe place of intimacy and rest, which became precious to me.*« (Ihr habt einen sicheren Ort der geschützten Begegnung und Ruhe geschaffen, der wertvoll für mich wurde.) Dabei haben wir selbst nicht viel getan, sondern nur das Naheliegende verwirklicht. Der Geist, der dort weht, ist geprägt von der Haltung der Menschen, die unsere Gäste sind – und so werden wir selbst viel reicher beschenkt durch die wunderbaren Menschen, die uns besuchen! Oft schon ist uns durch sie eine Botschaft von Gott zugekommen: Wir haben Engel beherbergt.

Einer meiner Freunde veranstaltet seit über zwanzig Jahren ein großes Fest, zu dem nicht nur seine Freunde, sondern auch Freunde von Freunden und überhaupt das halbe Dorf kommen. Der Höhepunkt ist eine große Tafel für gut 150 Personen, die um die alte Kastanie im Hof seines Anwesens aufgebaut wird. Obwohl Andy sich selbst als Chaot beschreibt, er jedes Jahr tage- und wochenlang dieses Fest vorbereitet und regelmäßig an den Rand seiner Zahlungsfähigkeit kommt, hat er noch nie gezögert, es auch im nächsten Jahr wieder zu feiern. Sein Grund: Er sagt, dass nach dem Fest sein Hof und speziell der Platz um die Kastanie herum mit so viel guter Energie und Kraft aufgeladen seien, dass er sie noch wochenlang spüren kann. Oft schläft er in den Wochen nach dem Fest auf einem Feldbett unter dem großen alten Baum – sein Lohn für seine Mühen der Gastfreundschaft.

Gastfreundschaft als liturgische Tugend

Es gibt viele Gelegenheiten, Gastfreundschaft zu praktizieren – und nicht immer haben sie mit Essen, Trinken und Feiern zu tun. Ich frage mich: Sind unsere Gottesdienste Orte der Gastfreundschaft? Wie wirken sie auf Fremde, die zum ersten Mal dort sind? Fühlen sie sich willkommen und wahrgenommen oder in ihrem Fremdsein unangenehm bestätigt?

Nach einem Gottesdienst in meiner ersten Gemeinde fiel mir einmal eine junge Frau auf, die nach dem Segen auf ihrem Platz sitzen geblieben war und deren Oberkörper sich nun von stillen Schluchzern hob und senkte. Meine Gemeinde war eine sehr offene und fröhliche Gemeinde und lud regelmäßig zum Kirchkaffee nach dem Gottesdienst ein – an diesem sonnendurchfluteten Sonntag sogar besonders angenehm unter den alten Lindenbäumen des Kirchplatzes. Doch während von draußen schon fröhliche Stimmen und der helle Klang von Löffeln, die in Tassen gerührt werden, hereinwehten, saß in der altehrwürdigen und dunklen Kirche immer noch jene Frau mit ihrer einsamen Traurigkeit. Ich war wie gelähmt: Natürlich wollte ich auf sie zugehen. Doch was, wenn sie einfach nur allein sein wollte und meine Annäherung als unangenehm empfinden würde? Außerdem wusste ich, dass ich draußen schon erwartet wurde. Schließlich siegte mein Mut: Ich näherte mich ihr vorsichtig, legte eine Hand auf ihre Schulter und sagte, dass ich da wäre, wenn sie jemand zum Sprechen bräuchte. Immer noch spürte ich die Peinlichkeit. Da sah sie mich flüchtig an, dankte mir, aber bedeutete mir auch, dass sie gern allein wäre. Jede Peinlichkeit war verflogen. Zwei Menschen waren sich kurz begegnet und hatten sich als Menschen wahrgenommen.

Später – wir standen immer noch in nette Gespräche vertieft auf dem Kirchplatz – kam sie nach draußen und dankte mir nochmals, dass ich sie wahrgenommen hatte. Sie hatte meine Hilfe nicht gebraucht, aber das Gefühl, nicht allein bleiben zu müssen, hatte ihr gutgetan.

Mir selbst war Jahre vorher etwas Ähnliches in einem Gottesdienst auf der hebridischen Insel Skye vor der westlichen Küste Schottlands passiert: Ich war mit meiner

Freundin nach Portree, dem kleinen Marktflecken der Insel getrampt und an einem späten Sonntagnachmittag im August dort angekommen. Übernachten wollten wir bei einem entfernten Bekannten, dem *Pipe Major* der dortigen Dudelsackband. Ron hatte zwei Jahre vorher drei Nächte in unserem Haus verbracht, wir hatten Telefonnummern ausgetauscht und jetzt wollte ich für einige Tage einen Gegenbesuch wagen. Allein das Problem war: Wir konnten ihn nirgends erreichen. Hastig fragten wir in der Touristeninformation nach Pensionen oder *Bed & Breakfast*-Möglichkeiten, die freilich unsere limitierten finanziellen Mittel bei Weitem überstiegen – alles war belegt. Als wir gerade der Verzweiflung nahe waren, läuteten die Abendglocken zum Gottesdienst. Spontan entschieden wir, unsere Suche abzubrechen, und nahmen dabei die Gefahr in Kauf, in der Dunkelheit später noch weniger Chancen auf eine trockene Nacht zu haben. So gingen wir in den Gottesdienst, der wie ein Traum an uns vorbeizog. Nach dem Schlusssegen liefen die Leute an uns vorbei zum Ausgang. Einer der letzten Gottesdienstbesucher, ein junger Mann mit lebendigen blauen Augen und den unvermeidlichen roten Haaren lachte uns an und sagte: *»Hey, where are you guys from?«* (Na, wo kommt ihr denn her?) Uns fiel ein Stein vom Herzen, endlich ein freundliches Gesicht! Rasch erzählten wir ihm, wo wir herkamen und dass wir nicht wüssten, wo wir hinsollten. Darauf lachte er und sagte uns, dass es ihm fast genauso ginge: Er komme gerade von einer Bergtour aus dem Himalaya und wohne auf Harris, einer Insel noch weiter draußen im Nordatlantik; und dort komme er heute auch nicht mehr hin. Aber er hatte Unterschlupf bei einem Freund gefunden. Kaum ausgesprochen, zerrte er diesen Freund – er hieß Angus – heran, schilderte ihm in dramatischen Ausschmückungen unsere Lage und hatte ihm schnell die Einwilligung entlockt, uns auch noch mitzunehmen. Und das war nur geschehen, weil er uns in unserer verzweifelten Lage mit den Augen seines Herzens wahrgenommen hatte.

Im Haus des Herrn

Ich möchte meine Gedanken zur Gastfreundschaft mit Worten aus dem berühmten 23. Psalm beschließen:

> Du bist bei mir ... Du bereitest vor mir einen Tisch,
> sogar im Angesicht meiner Feinde.
> Du salbst mein Haupt mit Öl und du schenkst mir voll
> ein.
> Gutes und Barmherzigkeit werden mir folgen mein
> Leben lang
> Und ich werde bleiben im Hause des Herrn immerdar.
>
> *Psalm 23,4–6*

Das Haus des Herrn ist seine ganze Schöpfung. In ihr wird Gott als die Quelle aller Gastfreundschaft erfahren. Und tatsächlich: Er ist es ja, der uns als Gäste auf seiner Erde alle guten Dinge gibt und uns von den Kostbarkeiten seiner Schöpferkraft genießen lässt. Und so kann jede gute Gabe, jede zärtliche Geste, jede wesentliche Begegnung und jedes Wort des Friedens uns zu einem Zeichen der Gastfreundschaft werden: Wir empfangen sie frei und umsonst und wir sind gerufen, sie weiterzugeben an den, der sie braucht.

5.
Die Achtsamkeit als Wegbegleiter – tiefer blicken

Sich an den Moment verschenken und Langsamkeit üben – so bekommen wir eine Ahnung vom Wesentlichen, das unser Leben prägt, und vom Unwesentlichen, das sich von überall her aufdrängen möchte.

Stufen der Achtsamkeit

Eine Freundin von mir hat einen wunderschönen Meditationsraum im lichtdurchfluteten Obergeschoss eines alten Sandsteinhauses. Das Untergeschoss ist allerdings ziemlich dunkel und die Treppen sind steil und ein bisschen ausgetreten – deswegen nannte Doris die eher einer Leiter gleichende Treppe »Stufen der Achtsamkeit«. Und obwohl ich jedes Mal über dieses Namensschild an der Treppe schmunzeln muss, bin ich selber schon gestrauchelt auf meinem Weg zur Meditation – dafür war ich dann umso wacher, präsenter und achtsamer!

Achtsamkeit ist eine Haltung, die wir uns trotz aller guten Vorsätze immer wieder erspüren und erarbeiten müssen, denn sie hat viel mit unserem Zeitgefühl zu tun – und mit unserem Naturerleben. Ein bisschen überspitzt gesagt: Achtsamkeit muss man sich leisten können! Wer gehetzt von einer Aufgabe in die nächste fällt und atemlos seiner To-do-Liste hinterherhechelt, wird sich kaum einen solchen Luxus gönnen können. Das ist mir auch selbst oft passiert. Die Telefonliste ist lang, gleichzeitig checke ich meine E-Mails und erschrecke, weil mir einfällt, dass heute der Abgabetermin für einen Beitrag ist, den ich versprochen habe. Gerade klingelt es an der Tür – wer will denn nun schon wieder was von mir –, und während ich zur Tür stolpere, versucht mir meine Frau unseren Sohn auf den Arm zu hieven, der dringend eine neue Windel braucht. Jeder von uns kennt solche Situationen, in denen wir am liebsten laut »Schnitt« rufen und die ganze Szene zurückdrehen möchten. Wenn ich dann in einer solchen Lage auch noch von mir selbst erwarte, einfühlsam und achtsam zu sein, ist das zwar ehrenwert, aber ziemlich ungnädig.

Langsamkeit üben

Trotzdem ist es erstrebenswert, uns immer wieder zu besinnen! Es gibt kleine Übungen, die die Achtsamkeit schärfen können, und sie haben immer mit einer Relativierung der Zeit zu tun. Von Paulo Coelho habe ich das Exerzitium der Langsamkeit gelernt: Gehe 20 Minuten lang nur halb so schnell wie gewöhnlich und achte dabei auf alle Details, die dir begegnen: Menschen, Pflanzen, Geräusche, Gerüche, Landschaften. Wiederhole diese Übung sieben Tage. – Es ist erstaunlich, was eine solche Kleinigkeit bewirken kann: Das Leben wird intensiver, ich nehme es bewusster wahr, meine Sinne werden geschärft, fast schon kann ich Leben riechen!

In den letzten Tagen habe ich bei strahlendem Frühlingswetter viel draußen gearbeitet: Wir wollen unseren vermoosten Garten mit neu angesätem Gras verschönern und dazu braucht man frische Erde. Natürlich hätte ich einfach Humus kaufen können – das wäre schnell und effizient gewesen und dabei nicht besonders teuer. Ich habe mich aber für eine langwierige Alternative entschieden: Weil auch ein Weg zu pflastern war, lag ein großer Haufen ausgehobener Erde herum. Diese Erde habe ich zwei Tage lang durch ein Sieb geworfen, die gute Erde auf einen Haufen geschaufelt und die Steine, Klumpen und Brocken in einen Hänger geladen. Ökonomisch war das ein Wahnsinn, selbst wenn ich mir für meine eigene Arbeitszeit nur einen Handlangerlohn berechnen würde. Aber mir ging es nicht darum, effizient, sondern wach zu sein. An den beiden Abenden bin ich glücklich und zufrieden in mein Bett gefallen und habe wie ein Stein geschlafen.

Am dritten Tag kam ein alter Bauer mit seinem noch älteren Traktor vorbei. Ich setzte mich auch darauf und wir fuhren den Wagen voller Steine und Klumpen zu einem Loch in seinem Wald. Der Weg dorthin ist der gleiche wie zur Autobahn. Wie oft schon bin ich diese vier Kilometer mit meinem PKW in Windeseile gefahren, weil ich zu spät dran war – und wehe, wenn ich einen jener Sonntagsfahrer vor mir hatte, die 15 Kilometer pro Stunde langsamer fahren als zugelassen, oder noch schlimmer: einen Traktor! Diesmal saß ich auf der anderen Seite. Ich genoss es, so langsam dahinzutuckern, dass ein Erstklässer uns auf seinem Fahrrad hätte überholen können! Ich blickte nach hinten und sah eine Autoschlange hinter uns – sie taten mir leid! Als ich wieder nach vorne schaute, sah ich vor uns einen anderen Traktor, der noch langsamer fuhr. Im Spaß sagte ich zu meinem Bauern: »Komm, den kriegen wir.« Aber der Alte lächelte nur gelassen und schaltete einen Gang herunter. Nach einer herrlichen Ewigkeit waren wir angekommen. Nun begannen wir, die alte Erde samt Steinen herunterzuschaufeln. Ich fragte den Bauern, ob er denn nie auf die Idee gekommen wäre, sich einen Hänger mit hydraulischer Kippvorrichtung zu besorgen. Er schaute mich mitleidig an und meinte lapidar, dass der Dreck bisher noch immer im Loch gelandet sei. Irgendwie bewunderte ich den Mann: Er war schon über 70 Jahre alt, aber immer noch kernig und zäh wie eine Eiche. Und die beiden Tage Luxusarbeit, die ich mir gegönnt hatte, währten bei ihm ein ganzes Leben. Obwohl ich ihn schon lange kenne, habe ich ihn noch nie gehetzt, übergeschäftig oder von Terminen gejagt erlebt. Und immer hatte er einen Witz auf Lager und der Schalk lachte aus seinen Augen.

Ich stelle mir vor, dass das ländliche Leben Irlands bis noch in die jüngste Gegenwart hinein so ähnlich abgelaufen sein mag: tagelang Torf stechen und sich abends über den wachsenden Haufen Brennmaterial freuen. Mit ungezählten Handbewegungen Feldsteine sammeln und sie zu diesen kilometerlangen Feldmauern aufschichten, die das beste Mittel gegen die Erosion durch unbarmherzige Atlantikwinde sind. Schafherden über endlose Hügel begleiten und dabei den Blick vom Horizont weiten lassen.

Mag sein, dass wir in keiner so romantischen Welt mehr leben – die unsere hat aber auch ihre Vorteile. Es kann uns gelingen, unser Leben achtsam zu leben, wenn wir der Zeit hin und wieder ein Schnippchen schlagen und Dinge bewusst langsamer tun, als wir müssten. Die Gretchenfrage ist: Wollen wir uns diesen Luxus leisten? Seine Frucht heißt Zufriedenheit – sie ist die Schwester der Achtsamkeit!

Das Herz ansehen

Besonders segensreich ist die Achtsamkeit natürlich im Umgang mit anderen Menschen. Wie schwierig das sein kein und wie schnell wir unseren leichtfertigen Urteilen erliegen, davon kann auch die Bibel ein Lied singen. Es gibt da eine sehr denkwürdige Geschichte im ersten Buch Samuel:

> Der Prophet Samuel hat einen schwierigen Job: Als Prophet erwartet man von ihm, dass er in Gottes Namen spricht, dass er weiß, wo es langgeht, und dass er die Wahrheit offenbart. Die Wahrheit über die politische Lage im Israel seiner Zeit ist alles andere als rosig: Der erste König Saul, ein großer und beeindruckender Mann mit heroischem Auftreten, hat auf der ganzen Linie versagt. Das ist der Startschuss für un-

sere Geschichte. Gott schickt Samuel nach Bethlehem. Dort soll er einen der zahlreichen Söhne Isais zum neuen König salben. Tolle Jungs sind sie alle und Samuel hält gleich den ersten Sohn für den Auserwählten. Warum auch nicht, auch er kann wie Saul ein beeindruckendes Äußeres aufweisen, auch er überragt die anderen, auch er scheint ein Mann von Tatkraft und großer Frömmigkeit zu sein. »Tatsächlich, da steht vor dem Herrn sein Gesalbter«, denkt sich Samuel – und liegt damit völlig daneben. *Nach 1. Samuel 16*

Mir ist Samuel an dieser Stelle sehr sympathisch. Ich finde es beruhigend, dass auch ein Prophet sich täuschen kann, weil ich das auch von mir selbst so gut kenne. Ich muss gestehen, dass mir Menschen mit beeindruckender Ausstrahlung und ansprechendem Äußeren durchaus imponieren. Wenn sie dann auch noch Intelligentes von sich geben, bin ich eingenommen; vielleicht sogar voreingenommen; und andererseits kann es durchaus passieren, dass ich Menschen gar nicht wahrnehme, deren Schönheit und innere Schätze sich eben nicht gleich auf den ersten Blick offenbaren. Selbst Samuel, der Prophet Gottes, geht seiner eigenen Voreingenommenheit auf den Leim. Gott nicht! Das ist die Botschaft unseres Textes und daran erinnert uns sein Schlüsselsatz:

> »Der Mensch sieht, was vor Augen ist; der Herr aber sieht das Herz an.« *1. Samuel 16,7*

Durch diese Erinnerung wird Samuel vor seinem eigenen Bild bewahrt, wie ein neuer König denn so auszusehen hätte, und schließlich avanciert der kleinste und unauffälligste von

Sieh das Herz an

Dein Herz ansehen
Deine Sehnsüchte ernst nehmen
Deine Ahnungen erspüren
Deine Träume wichtig nehmen
Deine Leidenschaften schätzen
Deine Wunden annehmen
Deine Gaben wertschätzen
Deine Quellen sprudeln lassen
Deine Augen leuchten sehen
Und durch sie hindurch die Regungen deines Herzens
  empfinden.

Öffne es weit, dein Herz
Ja, du wirst verletzlich sein
Aber auch transparent für die größere Wirklichkeit,
  aus der du lebst:
Berührbar, anrührbar, meinem Herzen nah.
Und ich werde dich so wahrnehmen, wie du gedacht
  bist:
Voller Schönheit
Voller Klang
Und in deiner Wahrheit.
    Andy Lang

Isais Söhnen zur Rettergestalt für das Volk – er wird später der große König David sein.

Diese Geschichte kann uns vor dem (vor-)schnellen Urteil bewahren; sie bewahrt uns vor dem ersten Blick; sie entlarvt die Täuschungen, die an der Oberfläche liegen; sie öffnet uns die Tür ins Innere unseres Gegenübers. Dort liegt seine Wahrheit, die viel größer ist als das beeindruckendste Äußere. Leicht wird es uns damit nicht gemacht, und vieles im Leben funktioniert ja nur so reibungslos, weil wir es in Schubladen eingeordnet haben. Aber vielleicht täte uns ab und zu ja ein bisschen Reibung gut. Wenn unser Blick durch die Oberfläche dringt, können uns wahre Segensströme erreichen.

Das Wesentliche spüren

Die Achtsamkeit kann uns vor dem allzu schnellen Blick bewahren, sie kann uns helfen, verantwortlich mit unserer Wahrnehmung umzugehen. So können wir aufmerksam werden für das Wesentliche, das sich vielleicht oft erst auf den zweiten oder gar dritten Blick enthüllt. Achtsamkeit lehrt uns, wie wir einen Blick hinter die Kulissen werfen können, dorthin, wo die kunstvoll erzeugten Bühnenillusionen enttarnt werden und wo die Voraussetzungen für die beeindruckenden Projektionen menschlicher Selbstdarstellungskunst liegen.

Aber die Gefahr liegt ja nicht nur darin, dass Menschen gerne übertreiben, oder in einem Hang zur Hochstapelei. Auch geht es bei unserer Wahrnehmung nicht nur um andere Menschen. Oft sind wir es selbst, die im kritischen Blick unserer eigenen Betrachtung stehen und vielleicht gerade nicht bestehen. Wir kommen uns zu klein, zu verzagt, zu unbedeutend vor. Was haben wir denn schon erreicht? Wen haben wir denn schon begeistert und was haben wir denn schon bewegt?

Wenn mich solche Gedanken überfallen, besteht meine Achtsamkeit darin, mich von Gott trösten zu lassen, der mein Herz kennt. Ihm brauche ich nichts vorzumachen und deswegen auch mir selbst nicht und auch nicht meinen Mitmenschen. Weder zu gering noch zu groß brauche ich von mir denken, denn ich bin erkannt – und geliebt! Von Paulus stammen die dunklen und faszinierenden Worte:

> Wir sehen jetzt durch einen Spiegel ein dunkles Bild; dann aber von Angesicht zu Angesicht. Jetzt erkenne ich stückweise; dann aber werde ich erkennen, wie ich erkannt bin.
> *1. Korinther 13,12*

Wir können uns üben in einer Haltung der Achtsamkeit, aber wir können sie nicht machen. Wir können uns vornehmen, einfühlsam und verständnisvoll mit unserem Selbst und unserem Gegenüber umzugehen, und wir werden an die Grenzen unserer Möglichkeiten gelangen. Doch das macht nichts, solange uns bewusst ist, dass wir von Achtsamkeit umgeben sind: Gottes gute Gedanken über uns, seine Boten an unserer Seite und seine alles durchdringende Gegenwart sind die Quelle aller Achtsamkeit.

Und so berge ich mich getrost trotz all meines Scheiterns in der Gewissheit des 139. Psalms:

> Du Herr erforschst mich und kennst mich … du verstehst meine Gedanken von ferne.
> Ich gehe oder liege, so bist du um mich und siehst alle meine Wege.

Denn es ist kein Wort auf meiner Zunge, das du, Herr, nicht schon wüsstest.

Von allen Seiten umgibst du mich und hältst deine Hand über mir.

Erforsche mich, Gott, und erkenne mein Herz; prüfe mich und erkenne, wie ich's meine.

Und sieh, ob ich auf bösem Wege bin, und leite mich auf ewigem Wege. *Psalm 139,1–5.23–24*

6.
Der Atem der Erde – eine Poetik der Schöpfung

»Liebe die Erde und küsse sie«, denn Gott durchdringt die Welt und will in ihr wohnen. Wir sind verbunden mit allen Wesen. Wir dürfen schweigen und staunen. Und wir sind gerufen, verbindlich zu leben und einzustimmen in das große Loblied.

Liebe die Erde

Von Fjodor Dostojewskij stammt der ungewöhnliche und intensive Imperativ: »Liebe die Erde und küsse sie!« Für die Anhänger der christlichen Tradition ist dies ein schwieriger Satz. Im Gefolge des großen Kirchenvaters Augustin wurde die Natur als heillos und in Sünden verstrickt betrachtet. – Damit war zwar in erster Linie das Wesen des Menschen gemeint, aber das war unauflöslich mit der Schöpfung verbunden. Noch schwerwiegender für ein gebrochenes Verhältnis zur Natur wirkten der Einfluss der griechischen Philosophie und vor allem der der geistesgeschichtlichen Strömung der Gnosis auf die frühe christliche Theologie: Darin wurde alles Irdische, Leibliche, Materielle als minderwertig, vergänglich und unrein betrachtet. Wesentlich war das Reich des Geistes, in das sich die Seele nur durch Abstinenz vom allzu Natürlichen und durch harte Askese aufschwingen konnte. Prompt führten solche (Irr-)Lehren auch zu einer allgemeinen Leibfeindlichkeit, der eine gefährliche Frauenfeindlichkeit auf dem Fuße folgte. Ein trauriger Höhepunkt dieser Entwicklung war die absurde Logik des Verfassers des »Hexenhammers« im späten 15. Jahrhundert: Der Großinquisitor Oberdeutschlands, Heinrich Institoris, »belegte«, warum Frauen viel leichter vom Teufel verführt werden könnten als Männer: Christus habe sich nun einmal als Mann inkarniert und deswegen sei die Natur des Mannes auch besser geschützt gegen die Attacken des Feindes.

Solch abenteuerliche Gedankenakrobatik war den bodenständigen Iren fremd. Überhaupt teilten sie wenig Geistesgeschichtliches mit den Bewohnern des ehemaligen Römischen Reiches. Es ist eine Ironie der Geschichte, dass die Rettung der überlieferten antiken Philosophie vor allem iri-

Liebe die Erde und küsse sie.
Küsse die Erde unermüdlich.
Liebe unersättlich.
Suche die Begeisterung und die Ekstase der Liebe ...
und halte diese deine Begeisterung hoch,
denn sie ist ein großes Geschenk Gottes,
das nicht vielen verliehen wird,
sondern nur den Auserwählten.

Fjodor Dostojewskij

schen Mönchen zu verdanken ist, die wie wild alle Manuskripte kopierten, derer sie habhaft werden konnten. So retteten sie viele Schriften, die durch die Wirren des untergehenden Römischen Reiches und der anschließenden Völkerwanderung oder spätestens mit den Wikingerüberfällen für immer verloren gewesen wären.

Die Schöpfung loben

Ich habe schon erwähnt, dass das Denken der Kelten dem hebräischen Denken in vielem verwandt war. Es gibt wunderbare Schöpfungspsalmen im Alten Testament, die die Größe der Schöpfung und die Gegenwart des Schöpfers in ihr in poetischer Sprache preisen. Die ganze Schöpfung singt das Loblied ihres HERRN, und seine Güte ist untrennbar mit der Schönheit seiner Kreatur verbunden. Der 136. Psalm ist ein Refrainlied, das wir uns in seiner antiken Aufführungspraxis wie einen Gospelsong mit *call* (dem Ruf des Vorsängers) und *response* (der Antwort der Gemeinde) vorstellen können:

> Danket dem Herrn, denn er ist freundlich,
> > und seine Güte währt immerdar.
> Der allein große Wunder tut,
> > und seine Güte währt immerdar.
> Der die Himmel mit Weisheit gemacht hat,
> > und seine Güte währt immerdar.
> Der die Erde über den Wassern ausgebreitet hat,
> > und seine Güte währt immerdar.
> Der große Lichter gemacht hat,
> > und seine Güte währt immerdar:

die Sonne, den Tag zu regieren,
und seine Güte währt immerdar;
den Mond und die Sterne, die Nacht zu regieren,
und seine Güte währt immerdar. *Psalm 136,1.4–9*

In Psalm 139 wird Gottes Gegenwart in allen Dingen besungen – es gibt keinen Ort, wo Er nicht ist. Aus diesem Lied stammen die berühmten Worte:

Nähme ich Flügel der Morgenröte und bliebe am äußersten Meer, so würde auch dort deine Hand mich führen und deine Rechte mich halten.
 Spräche ich: Finsternis möge mich decken und Nacht statt Tag um mich sein, so wäre auch Finsternis nicht finster bei dir und die Nacht leuchtete wie der Tag. *Psalm 139,9–12*

Alles Geschaffene singt Gottes Lob – wer Ohren hat zu hören, der höre! Psalm 148 geht sogar so weit, dass die angeblich leblose Materie neben den Engeln das Lob Gottes singen soll:

Halleluja! Lobt im Himmel den Herrn, lobt ihn in der
 Höhe!
Lobt ihn, alle seine Engel, lobt ihn, all sein Heer.
Lobt ihn, Sonne und Mond, lobt ihn, ihr leuchtenden
 Sterne!
Lobt ihn, ihr Himmel aller Himmel und ihr Wasser über
 dem Himmel!
Sie alle sollen loben den Namen des Herrn, denn da
 er gebot, da wurden sie geschaffen.
Er lässt sie bestehen für immer und ewig, er gab eine
 Ordnung, die dürfen sie nicht überschreiten.

> Lobt den Herren auf Erden, ihr großen Fische und alle Tiefen des Meeres,
> Feuer, Hagel, Schnee und Nebel, Sturmwinde, die sein Wort ausrichten.
>
> *Psalm 148,1–8*

Ich finde nicht nur die gesamte Komposition erstaunlich, sondern besonders den letzten Satz in ihr: Nicht nur die Nettigkeiten der Natur singen ein Loblied auf Gott, nicht nur Nachtigallen, Lilien und Sternenpracht, sondern auch die ungebändigte, gefährliche und unberechenbare Kreatur: Riesenfische im Meer (Kann man sich vorstellen, dass ein Weißer Hai, eine Feuerqualle oder ein Zitterrochen Gott loben?) und die vier Feinde des Bauern: Feuer, Hagel, Schnee und Sturm. Aber alle diese Größen werden nur aus der Perspektive des Menschen zu Heil- oder Unheilvollem, zu Gutem oder Bösem. An sich sind sie in erster Linie Geschöpfe – und als solche kennen sie ihren Schöpfer.

Gott wohnt in seiner Welt

Wer so denkt und wer solche Psalmen singt, kann nicht an eine unbeseelte Natur glauben, die es auszubeuten und zu beherrschen gilt. Eine solche Einstellung zur Schöpfung war den Kelten fremd. Während ihre paganen Vorfahren noch an Fluss-, Baum-, Hain- und Quellgötter glaubten – die es übrigens immer wieder zu besänftigen galt –, war den christlichen Kelten klar, dass Gott in seiner Schöpfung wohnt – auch wenn er nicht in ihr aufgeht und weit über sie hinausreicht. Achtsamkeit, Fantasie und eine kreative Begabung waren es, die die frühen Christen auf der grünen Insel immer wieder zu neuen Schöpfungsliedern anspornten. Ihre

Herrlich ist es, auf der Spitze eines Felsens im Meer zu stehen,
im Busen einer Insel auf das Angesicht des Meeres zu blicken.
Ich höre die wogenden Wasser eine Melodie zu Gott im Himmel singen.
Ich sehe ihre glitzernde Brandung.
Ich sehe die Wellen sich brechen, auf die Felsen prallen
wie der Donner am Himmel. Ich sehe die mächtigen Wale.
Ich betrachte Ebbe und Flut der Gezeiten des Ozeans.
Er enthält mein Geheimnis, meine traurige Flucht aus Irland.
Reue erfüllt mein Herz, wenn ich die See höre;
sie besingt meine Sünden, zu viele Sünden, um sie zu bekennen.
Lasst mich den allmächtigen Gott preisen,
dessen Kraft sich über Meer und Land erstreckt,
dessen Engel über allem wachen.   *Columcille*

Poesie war dabei den Psalmen in Ausdruckskraft und Struktur nicht unähnlich.

Verbunden sein

Eine solch sinnenfrohe, handfeste und ausdrucksstarke Frömmigkeit beeindruckt uns heute. Sie beherbergt eine Heilkraft, die wir dringend brauchen, um unser gespaltenes Verhältnis zur Natur, oder präziser gesagt zur Schöpfung, wieder ins Lot zu bringen. Natürlich kennt jeder von uns die wohltuende Wirkung eines ausgedehnten Waldspaziergangs. Aber schärft dieses Erleben auch unsere Wachheit, uns als Teil des Ganzen zu betrachten?

Aus der keltischen Spiritualität können wir lernen, einfühlsam und verantwortlich mit unseren Mitgeschöpfen umzugehen. Um ihretwillen sollten wir uns immer wieder im Verzicht üben – und wer es in der richtigen Geisteshaltung tut, dem wird es sogar Spaß machen: Wenn wir darüber nachdenken, ist es doch viel gesünder und vernünftiger, unser eigenes Quellwasser zu trinken als in Modefläschchen gefülltes Wasser aus dem Zentralmassiv, das über 1000 Kilometer bis vor unsere Haustür transportiert werden muss. Aber um auf solche ökologischen Exzesse verzichten zu können, müssen wir uns ihrer bewusst und informiert sein. Und inspiriert!

Aus prophetischer Eingebung soll Columcille einmal einen erschöpften Kranich in seiner Hütte aufgenommen haben und ihn drei Tage lang gepflegt haben, bis dieser seine Reise fortsetzen konnte. Außerdem soll Columban auf seinen Missionsreisen durch Frankreich Wölfen aus dem Psalter vorgelesen sowie einen Bären überredet haben, ihm seine Höhle eine Zeit lang als Einsiedelei abzutreten. Solche anrührenden Geschichten werden auch von dem großen Heiligen des Hochmittelalters erzählt, der sich selbst für ganz klein hielt: Franz von Assisi! Und von ihm stammt auch der berühmte Sonnengesang, der ähnlich wie Psalm 148 die ganze Schöpfung zum Lob Gottes aufruft. So verbunden fühlt sich Franz den Dingen, dass er sie mit Bruder Sonne und Schwester Mond (im Lateinischen ist die Sonne männlich und der Mond weiblich) anspricht und sogar dann nicht verzagt, als er schließlich zu Bruder Tod gelangt.

Schweigen und Staunen

Doch wir brauchen nicht vor Ehrfurcht zu erstarren vor so viel Poesie der Heiligen, die zu uns aus dem Nebel der Vergangenheit herüberwinken. Warum versuchen wir uns nicht einmal selbst in einem Lob der Schöpfung? Es kann ein Lied oder ein Gedicht sein, muss es aber nicht. Ein liebevoll gekochtes Gericht kann ein solches Lob sein. Ein mit Muße und Andacht verkostetes Glas Wein – oder eine zärtliche Berührung eines lieben Menschen. Ja, auch das kann ein Loblied der Schöpfung sein: ein aufrecht empfundenes Gebet. Der Schotte Alexander Carmichael, der in ganz Schottland uralte Gebete, Segensworte und Bannsprüche sammelte und wohl auch selbst im alten Stil komponierte, erzählt aus seiner Kindheit:

> Meine Mutter lehrte uns, worum wir im Gebet bitten sollten, so wie sie es von ihrer Mutter gehört hatte und die wieder von ihren Vorfahren. Sie bat uns immer, Gott unser Morgenlied zu singen, so wie Marias

Lerche es hoch oben in den Wolken sang und Christi Singdrossel unten im Gesträuch – dem Gott aller Geschöpfe die Ehre zu geben für die Ruhe der Nacht, das Licht des Tages und das Glück des Lebens. Dann erzählte sie uns, wie jedes Geschöpf hier auf der Erde und im Ozean draußen und in der Luft über uns dem großen Gott aller Kreaturen und Welten, aller Kräfte und allen Segens die Ehre gibt – und wir waren sprachlos vor Staunen. *Alexander Carmichael*

Uns einzuüben in die Kunst des Staunens – das ist ein erster und wichtiger Schritt hin zu einem versöhnten Umgang mit der Schöpfung. Vor Jahren war ich mit einem guten Freund an der Küste entlang unterwegs. In einem Wäldchen stellten wir unser Zelt auf. Es war ein milder Sommerabend, und während ich mich anschickte, ein Feuer zu entfachen, zog sich mein Freund eine Weile lang zurück. Als ich ihn bei seiner Rückkehr fragte, was er denn gemacht hätte, sagte er: »Ich war still und staunte.« Ich fand seine Antwort etwas unkonkret, wollte aber nicht tiefer in ihn dringen. Einige Zeit später hatte ich Geburtstag. Er schenkte mir ein mit Blattgold verziertes Blatt, auf dem ein Gedicht geschrieben stand:

So hoher Himmel – das unerschütterliche Blau des
  Alls über Dir – so weit.
In seiner Mitte bist Du, auf einem schwerelosen Stück
  Erde,
und zu Dir hin gehen die Strahlen der Sonne.

Du ahnst die Wurzeln der großen Bäume,
die Kraft und Zartheit, mit der sie unter Dir den Boden
  halten.
Darin das ohne Anfechtung lebende Getier des
  Waldbodens,
die Ameise, der kleine Käfer.

Mücken tanzen im schrägen Sonnenstrahl,
der lautlos durch die Zweige sich Bahn bricht, lautlos
  und gewaltig,
der alle Dinge heiligt, die er berührt, der die
  Begrenztheit ihres Leibes auflöst
in die Ewigkeit des Geistes, aus dem sie geschaffen
  sind.
Licht von wahrem Licht.
Es sollten alle Glocken läuten, könnten sie nur sehn.
Und den Strahl hinauf regnest Du Dein Herz in den
  Himmel
und alles Leid wird lauter im Feuer dieses Lichts.

Helle Klarheit perlt in Deinem Glas.
Abgezogen von aller trüben Substanz, die doch zur
  Gärung nötig war.
Nimm das Glas, das nie vorher gefüllte, kühle,
trinke, atme, verstehe:

Alles ist um Dich ein Mantel, der bis zu den Sternen
   reicht.
Der Wald, das warme Futter, das barmherzig Deine
   Blöße verbirgt,
Wasser spiegelt den Himmel zur Freude Deiner Augen.
Und so behutsam berührt die Erdkugel Deinen Fuß,
dass Du einen Grashalm spüren kannst.

Wenn Du einem Weg folgst, musst Du nicht ans
   Zurückkommen denken,
Du bist ja zu Hause. Und mit jedem Schritt lässt Du
   Liebgewordenes
und mit jedem Schritt begrüßt Du Neues, das doch Dir
   vertraut ist –
wurzelt doch schon eine Erinnerung Dir im Herzen,
die nun freudig das Fest des Erkennens feiert.

Der Boden, in den sich tiefer Deine Vorfahren
   einschrieben – Spuren hinterließen,
den Abdruck ihres Lebens, ihrer Arbeit, er erinnert den
   Nachkommen, den er trägt.
Um Dich sind lebendig, die vor Dir waren.
Und sterngewordenen Auges und
schattengewordener Gestalt
begleiten sie uns, bis wir sind wie sie – ewig.

Am Abend steht im Süden der Stern.
Und vom Waldsaum der dünn gewordenen Welt
schimmert ein Feuerschein. Dahin gehst Du.
Du weißt, Du wirst erwartet dort.
Kleines Licht, das Dich empfängt,
bis Du ganz ins Helle trittst.   *Andy Hoffschildt*

Diese Worte waren meinem Freund aus seinem Schweigen und Staunen erwachsen. Für mich waren sie ein kostbares Geschenk, eine Perle des Staunens. Noch immer hängen sie in meinem Schlafzimmer und wecken wertvolle Erinnerungen.

Poetik statt Dogmatik

Ein wichtiger Bestandteil keltischen Empfindens ist die Abneigung gegen alles Abstrakte und Vergeistigte. Je konkreter, desto besser. Es gibt wohl kein Thema der christlichen Theologie, das zu so viel Auseinandersetzung, Spaltung und Streit geführt hat wie die Interpretation der Trinität. Doch aller tiefsinnigen oder auch spekulativen Rede über Gottes innerstes Wesen sind die Kelten lieber mit einem humorvollen Blick Richtung Natur begegnet. Statt sich in die komplizierten und selbst für Theologen kaum nachvollziehbaren Gedankentürme griechischer Philosophen zurückzuziehen, erklärten sie das Geheimnis der Dreieinigkeit etwas einfältig, aber durchaus einprägsam mit einem Kleeblatt: So wie ein Kleeblatt eigentlich drei Blätter hat, die für sich gesehen ganz unterschiedlich aussehen, ist das Ganze doch eine Pflanze und kann uns Menschen auch nur in seiner Dreiheit begegnen. Aus dem Schluss des Gebets, das als St. Patricks Brustharnisch bekannt wurde, stammt dieser Satz:

> Ich erhebe mich heute
> durch eine mächtige Kraft,
> die Anrufung der Trinität,
> durch den Glauben an die Dreiheit,
> durch das Bekenntnis der Einheit.

Mögen deine Segnungen zahlreicher sein als die
Kleeblätter, die wachsen,
und mögen Schwierigkeiten dich meiden, wo immer
du hingehst.

Gebet und Segenswunsch verschwimmen oft in der irischen Tradition. Das Gebet ist in erster Linie keine Übung der eigenen Frömmigkeit, das den Wunsch nach eigenem Glück und Wohlergehen vor Gott bringt, sondern es ist immer auch verbunden mit dem Segen für andere und dem Gedanken an die Schöpfung. Es gibt sogar Segensgebete, die die Schöpfung als Gegenstand ihrer meditativen Betrachtungsweise haben.

Der göttliche Künstler

Die Schöpfung ist Prophetin ihres Herrn. Sie ist untrennbar mit ihm verbunden. Was uns heute noch als bedrohlich und gefahrvoll erscheint, ist längst in Gott versöhnt. Für viele keltische Heilige schimmert Gottes neue Welt schon überall durch die alte Schöpfung hindurch. Sie ist transparent auf Gott hin, und ihr Mittelpunkt ist Christus:

> Christus wird gefeiert, der Mittelpunkt des Universums, der Schlussstein in dem Bau, den Gott geschaffen hat. Es ist so, als wäre das ganze Universum eine Einheit, in der Vergangenheit und Gegenwart, Himmel und Erde umschlossen sind. Es gibt keine Trennung in zwei Bereiche, das Natürliche und das Übernatürliche, sondern beide fließen zusammen in eins. *Ray Simpson*

Die Schöpfung lobt Gott. Hören wir ihren Gesang? Stimmen wir ein in ihr Lied?

Segen der Erde

Segen und Überfluss werden dir zuteil von unserer
  Mutter, der Erde:
Der gesegnete Regen,
der köstliche, sanfte Regen ströme auf dich herab.
Die kleinen Blumen mögen zu blühen beginnen
und ihren köstlichen Duft ausbreiten, wo immer du
  gehst.
Der Segen der Erde,
der guten, reichen Erde sei für dich da.
Weich sei die Erde dir, wenn du auf ihr ruhst, müde
  am Ende des Tages,
und leicht ruhe die Erde auf dir am Ende des Lebens,
dass du sie schnell abschütteln kannst –
und auf und davon auf deinem Weg zu Gott.

Keltisches Gebet

7.
Die Kraft des Segens – aus der Fülle schöpfen

Wir dürfen klein sein. Wer weiß, dass Gott an ihn glaubt, der kann aufhören mit allen Spielchen. Und der Segen, den wir empfangen, wird unser Herz durchdringen und von dort die ganze Welt.

Gott hat ein großes Herz. Nur ein göttlicher Künstler mit einer so unendlichen Sehnsucht konnte die schöne und zärtliche Fantasie haben, ein so wundervolles Universum zu erträumen und zu erschaffen. Gott ist voller Sehnsucht: Jeder Stein, jeder Baum, jede Welle und jedes menschliche Antlitz legt Zeugnis ab von der ewigen schöpferischen Regung der göttlichen Sehnsucht.

John O'Donohue

Es beginnt mit der Sehnsucht

Wenn es stimmt, dass Gott nicht abgehoben in einem fernen Himmel thront, sondern dass er Sehnsucht empfindet nach der Schöpfung, und das heißt auch: nach uns, seinen Geschöpfen, dann werden wir auch bewegt von den Regungen der Sehnsucht. Wir müssen nur in unser Herz hören und da finden wir sie,

die Sehnsucht nach liebevoller Bewahrung und Begleitung in lieblosen Zeiten;

die Sehnsucht nach Berührtwerden und Zärtlichkeit in rauen Wirklichkeiten;

die Sehnsucht nach Ermutigung und Trost, wenn die Hoffnung nicht blühen will …

Und dort geschieht Segen. Gottes Sehnsucht berührt die unsere im Segen. Im Segen erfahren wir Gottes Zusage, dass Leben gelingt, dass es wächst und reift, dass es schließlich seine Erfüllung findet in Gott selbst. Und dabei ist Gottes Segen nicht nur eine Kraft, die uns Menschen berührt. Gottes Segen durchdringt alles Sein, alle Geschöpfe sind von ihm getragen. Ja, Gottes Segen ist wie ein Tanz, der Tanz der heiligen *ruach*, der Geistes Gottes, in unserer Welt. Es ist Gottes Eigenart zu segnen, weil er die Quelle allen Lebens ist und es geschaffen hat. Aber Gott beansprucht Segenshandeln nicht für sich allein. Er nimmt uns mit hinein in das heilvolle Geschehen seines Segens, seiner Zuwendung zu uns: »Ihr sollt ein Segen sein«, lautet seine Ermächtigung an uns.

Gott glaubt an uns

Gott traut uns viel zu. Er glaubt daran, dass wir Mensch sein können: »Ich glaube an euch, an eure Kraft, eure Schönheit, eure Zärtlichkeit, ich glaube daran, dass ihr geschwisterlich miteinander leben könnt, auch wenn die ganze Welt und eure Nachrichtensendungen das Gegenteil schreien. Ich glaube an euch! Mein Segen fließt durch euch. Und wenn ihr ihn nicht für euch behaltet, sondern weitergebt, werdet ihr Anteil haben an dem Menschsein, das ich verwirklicht habe. Fürchtet euch nicht! Wo ihr noch Grenzen seht, habe ich die Zäune längst eingerissen; wo ihr noch Feindschaft spürt, wurzelt schon der Keim der Geschwisterlichkeit; wo eure Mächtigen noch den harten Boden der Ungerechtigkeit pflügen, verwandelt bereits der Morgentau meiner Gerechtigkeit dürres Land in einen blühenden Garten. So habe ich es meinem Sohn Abraham verheißen und so sage ich es auch zu euch, meinen Söhnen, meinen Töchtern: Ich will euch segnen und ihr sollt ein Segen sein!«

Aus der Kraft eines solchen Zuspruchs kann ich leben. Ich werde gesegnet. Ein gutes, ermutigendes Wort trifft mich; ein Mensch sieht mich und meine Möglichkeiten und traut mir viel zu: Als ich vierzehn Jahre alt war, fragte eine Freundin meiner Mutter, welches Instrument ich denn spiele. Gern hätte ich Gitarre gespielt, aber ich traute mich nicht, das überhaupt zuzugeben, weil keiner in meiner Familie ein Instrument spielte und wir uns alle für unmusikalisch hielten. Diese Frau hat meine Sehnsucht gesehen und sie hat mir zugetraut, was ich mir insgeheim wünschte. Und das hat mein Leben verändert.

Eine offene Hand wendet sich mir zärtlich zu. Als ich in meine Vikariatsgemeinde kam, war ich ein wenig verunsichert, ob ich denn all die vielfältigen Aufgaben bestehen könnte. Als ich das meinem Mentor erzählte, hat er mich nur angesehen und seine Hände auf meinen Kopf gelegt. Und ich wusste: Nichts wird mir über den Kopf wachsen, solange ich mich in dieser Kraft geborgen weiß.

Das Zeichen des Kreuzes deutet mein Leben im Horizont des Auferstandenen: Wenn ich eine Kirche betrete, bekreuzige ich mich. Das ist für mich kein leerer Ritus, sondern ich erlebe es als ganz sinnliches Zeichen; ein Zeichen dafür, dass ich mit Christus bereits jetzt und hier zu seiner neuen Welt gehöre, auch wenn ich noch in dieser Welt lebe und mich in ihr ängstige und sorge. Das entlastet mich. Ich erfahre heilsame Kraft und ich spüre neuen Mut. Ich richte mich auf. Ich höre mehr als nur Worte, denn mich trifft eine Verheißung. Ich werde als ganzer Mensch angesprochen. Mein Leben soll gelingen, es soll blühen und gedeihen, es soll Frucht bringen und zur Erfüllung kommen durch die heilvolle Nähe Gottes.

> Wenn Segen über einem Leben waltet, hat es Sinn. Es gedeiht. Es wächst. Es wirkt lösend, fördernd, befreiend auf andere. Versuche glücken, Werke gelingen.
> *Jörg Zink*

Gott traut mir so ein Leben zu. Er hat es mir vorgelebt in Christus. Ich folge ihm ...

Den Schmerz nicht scheuen

Der Querbalken des Kreuzes ist nicht lang genug. Weit, noch viel weiter streckt Christus seine Arme aus und öffnet sich ganz, verletzlich ist er, verwundbar. Und aus seinen Wunden fließt das Heil. In ihnen entdecke ich mein eigenes Leben, meine eigenen Verletzungen, all die Bitterkeit, die Ängste vor den anderen, die Furcht vor zu viel Nähe oder zu viel Einsamkeit, meine empfindlichen Stellen, meinen Schatten. Alles hat er angenommen. Und verwandelt. Und so kann auch ich meine Dunkelheiten annehmen und ein ganzer Mensch werden, heil, ein Mensch mit Schönheit und mit Schwachheit, mit Kraft und mit Krankheit, mit Freude und mit Trauer, mit Hoffnung und mit Angst, mit Licht und mit Schatten. Als ganzer, als heiler Mensch werde ich auch ein heilender Mensch sein: Hinter der Wut, der Ungeduld, der Lüge und der Ungerechtigkeit meines Mitmenschen sehe ich seine Wunden. Und ich öffne meine Arme ...

Nur eine kleine Geste

Wie viel geschieht in uns und für uns, weil wir einem Wort vertrauen? Als wir noch ganz klein waren und getauft wurden, begann unsere Geschichte bereits mit diesem Wort:

> Ich will dich segnen und du sollst ein Segen sein.
>
> *1. Mose 12,2*

Wie viel Segen sind wir schon gewesen, weil wir uns von Gott haben segnen lassen, immer wieder? Vielleicht fällt uns ein Mensch ein, dem wir halfen, seine Lebensfülle und Möglichkeiten zu entdecken. Vielleicht können wir nur einen einzigen Tag aufmerksam sein dafür, wo eine kleine Geste, ein verständnisvolles Wort oder ein ermunternder Blick von uns für jemand anderen Segen sein kann. Vielleicht ist es auch nur eine Kleinigkeit, mit der wir unseren Mitmenschen das Leben leichter machen: einmal richtig aufmerksam zuhören, wenn wir spüren, dass jemand sein Herz ausschütten muss; ein kleines Gebet für eine Kranke; oder ganz praktisch: einmal Babysitten und dadurch den gestressten Eltern einen Abend zu zweit ermöglichen.

Segen kann auf ganz unterschiedliche Weise unser Leben bereichern und erfüllen und oft geschieht er nicht nur an uns, sondern auch durch uns. »Jeder Mensch ist dann und wann ein Evangelist«, sagt der französische Dichter Julien Green. Vielleicht wird er es nie erfahren und es nicht einmal ahnen. Aber Segen ist durch ihn geflossen. Ich kenne solche Menschen. Sie sind einfach ermutigend; in ihrer Gegenwart wird das Leben einen Moment lang leichter und mein Lachen klingt fröhlicher.

Auch ich darf so ein Mensch sein! Einer, der um Gottes Segen willen verzeihen kann, der zuhören kann, der für andere beten kann; der einstimmt in das Lob der Engel und das Lied der Schöpfung. Leicht werde ich dabei sein, weil ich gesegnet bin; und weil ich ein Segen bin.

Der Grund dafür? – Gott hat ein großes Herz!

Ursegen – das Leben selbst

Khalil Gibran sagt, die Kinder seien die Sehnsucht des Lebens nach sich selbst. Und tatsächlich: Wer ein kleines Kind im Arm hält oder sogar die Gnade erlebt, ein Neugeborenes zu empfangen, spürt etwas von dem Geheimnis des Lebens. Aus dem Unsichtbaren und Verborgenen findet es seinen Weg in unsere Welt. Es ist zerbrechlich und schwach und zugleich unglaublich kraftvoll. Die neue Präsenz ist erfüllt von

Segen. Das Angesicht der Mutter oder des Vaters leuchtet über dem kleinen Wesen, das selbst noch von einem geheimnisvollen Schimmer umgeben ist, den es aus der anderen Welt mitbringt. Ein sensibler Geist kann vielleicht sogar das Lächeln Gottes erkennen, wenn ein Mensch in diese Welt tritt. Und umgekehrt spürt das kleine Kind eine Geborgenheit und eine Begleitung, die uns so unmittelbar verborgen bleibt. Als unser Sohn Arthur ganz klein war, schaute er oft verklärt und absolut zufrieden an die Decke, ja uns schien, als ob er durch die Decke hindurchsah. Meine Frau und ich blickten uns an und waren uns einig, dass er etwas wahrnahm, das uns verborgen blieb. War es Gottes Lächeln über seinem kleinen Leben? Sein Engel, der über ihn wachte? Unsere Tochter musste nach ihrer Geburt einige Zeit im Brutkasten verbringen. Obwohl das nicht gerade eine gemütliche Umgebung ist, war sie ganz ausgeglichen und ruhig und nahm diese Zeit geduldig hin. Wusste sie von einem Segen, den wir für sie nur erhoffen und erbitten konnten?

Wir können Segen als Gottes liebevollen Blick auf unser Leben verstehen. Er weiß, was wir brauchen. Und er gibt dem, der bittet. Die jahrtausendealten Worte des aaronitischen Segens sind ganz konkret:

> Der Herr segne dich und behüte dich, der Herr lasse sein Angesicht leuchten über dir und sei dir gnädig, der Herr erhebe sein Angesicht auf dich und gebe dir Frieden.
> *4. Mose 6,24–26*

Wer schon einmal den Segen eines leuchtenden Blickes gespürt hat, wird die Größe dieses Wunsches verstehen: Augen werden weit und transparent. Sie sind die Fenster zur

Seele. Gesichtszüge werden sanft und milde und verwirklichen eine Schönheit, die hinter der Alltagsfassade oft verborgen bleibt. Lippen formen Worte der Zärtlichkeit und des Trostes, die unser Herz berühren. Wir fühlen uns wahrgenommen, verstanden, angenommen, ja geliebt. Wenn uns ein solch leuchtender Blick aus dem Antlitz eines Menschen trifft, den wir lieben, fühlen wir uns wie verwandelt, allen Sorgen und Fragen enthoben und eingetaucht in die weiten Gefilde der Zugehörigkeit. Können wir uns vorstellen, wie viel weiter und tiefer solch ein Blick von dem dringt, aus dem wir selbst kommen und zu dem wir zurückkehren werden?

Bei meinen Gesprächen mit Eltern, die ihre Kinder zur Taufe bringen wollten, habe ich oft gefragt: Was glaubt ihr denn, geschieht in der Taufe? Viele antworteten: Unser Kind wird gesegnet. Auf meine Nachfrage, was das bedeute, meinten einige: Es soll behütet werden vor bösen Dingen und unter Gottes Schutz stehen.

Segen bedeutet tatsächlich, eine Heimat zugesprochen zu bekommen. In eine Zugehörigkeit gebettet zu werden, die trägt und behütet. Und dennoch ist der Segen nur aus unserer Perspektive und von unserer Seite des Lebens aus betrachtet nötig. Gott braucht ihn nicht, um seine Kinder zu lieben und zu behüten. Aber wir brauchen ihn, um uns dieser Liebe immer wieder zu vergewissern und sie sinnlich an unserem Körper zu spüren. Überhaupt ist dies der große Vorzug des Segens gegenüber der Predigt: Er ist eine sinnliche Erfahrung, eine körperliche Einübung, eine geistige Vergegenwärtigung, die auf intellektuelle Einsicht und verstandesmäßiges Erfassen nicht angewiesen ist.

Ein Fest der Sinne

Ein Segen kann sich aus einem Wort der Verheißung und einer Geste der Nähe zusammensetzen. Das unsichtbare, gestaltlose Wohlwollen nimmt eine Form an und inkarniert sich in einer Bewegung, einer körperlichen Zuwendung. Die liebevolle Wertschätzung unseres Lebens verbindet sich mit der archaischen Kraft der Elemente: Wasser, Feuer, ein Hauch und sogar die Erde können Träger des Segens sein. Die reinigende und lebenserhaltende Energie des Wassers birgt eine besondere Metaphorik für den Segen: Durch ihn werden wir neu geschaffen und unsere inneren Kräfte aktiviert. Es ist ein köstliches Erlebnis, niederzuknien und, ohne die Hände zu Schalen zu formen, wie ein Tier direkt aus einer kühlen Quelle zu trinken. Es ist erfrischend und belebend, in die kalte, klare Wahrheit eines Gebirgssees einzutauchen. Die altchristliche Gemeindeordnung *Didache* mahnt, dass Taufen nur in lebendigen, fließenden Gewässern stattfinden sollen. Dort scheint die Bedeutung der Lebenserneuerung besonders spürbar und nachvollziehbar zu sein. Viele Klöster sind über heiligen Quellen gebaut, deren Genuss Gesundheit oder sogar Heilung versprach. Die irische Volksfrömmigkeit ist geprägt von Wallfahrten zu solchen Quellen. Man darf sich diese Wallfahrten nicht als todernste fromme Übungen vorstellen, sondern sie haben etwas von der Buntheit und Fröhlichkeit eines Jahrmarktes. Und dennoch bleiben sie nicht an der Oberfläche, sondern schöpfen aus dem tiefen Wissen, dass wir beständig Empfangende sind.

In meiner Gemeinde haben wir die alte Tradition, Osterwasser zu schöpfen, wieder aufgenommen. Mitten in der Nacht macht sich eine Gruppe von Osterpilgern auf in den Wald und ersteigt einen ziemlich steilen Berg. Dort, im

Herzen des Waldes, sprudelt lustig eine kleine Quelle, der Jesusbrunnen. Schweigend stehen wir um diese Quelle, spüren ihre Kühle und das Dunkel der Nacht und denken an das Geheimnis dieser Nacht: dass Leben aus der Dunkelheit emporbricht, so wie dieses Wasser aus den Tiefen des uralten Granits. Wir sinken auf die Knie und spüren, wie der weiche Waldboden ein wenig nachgibt. Wir neigen uns zur Quelle und trinken daraus. Und wir schöpfen Wasser, das dann später im Ostergottesdienst als Taufwasser verwendet werden wird. Es ist ein ganz schlichtes, wortloses Ritual. Aber es erreicht manche Herzen tiefer als eine gelehrte Predigt.

Im irischen Festkalender ist *Bealtaine* die große Feier der Erde und ihrer Fruchtbarkeit. Am Morgen des 1. Mai waschen sich viele Menschen das Gesicht mit dem Tau auf dem Gras. In der Mittsommernacht legt man brennende Scheite aus dem Johannisfeuer in einen großen Kreis um den Bauernhof, um ihn vor Gefahr und Feuersbrunst zu schützen. Am 3. Februar, dem Fest des heiligen Blasius, des Schutzpatrons der Sänger, werden Kerzen neben beide Seiten des Gesichtes gehalten und folgender Segen gesprochen:

Möge der Segen des heiligen Blasius, des Schutzpatrons aller Kehlen, auf dich herniederströmen und mögest du vor jeglicher Halskrankheit befreit sein und mögest du im Frieden und Licht wandeln in allem, was du tust, durch seine machtvolle Fürbitte. *Traditional*

Und so gibt es eine Vielzahl volkstümlicher Segenstraditionen, die von Region zu Region verschieden sein können. Vielleicht noch eine eher lustige aus Schottland: An *Samhain*, dem Fest der Seelen in der Nacht zum 1. November, besucht eine Gruppe Männer die Höfe der Region. Ist die Bäuerin großzügig und kommt den Gepflogenheiten der Gastfreundschaft nach, indem sie den Durst der Männer mit *uisge beatha* (Lebenswasser) stillt, laufen diese anschließend im Uhrzeigersinn um den Herd des Hauses (der früher in der Mitte stand). Dieses wortlose Ritual ist ein Segen dafür, dass sich die Geschicke des Hauses im Einklang mit dem Kosmos, dem Lauf der Sonne von Osten nach Westen, befinden mögen. Gesundheit und Wohlstand sind die Folgen einer solchen Einheit. Unschwer kann man in diesem uralten Brauch die amerikanisierte Version *Halloween* erkennen, die allerdings mit einem archaischen Segen nicht mehr viel zu tun hat.

Man mag diese ursprünglichen und volkstümlichen Segenstraditionen belächeln oder sie sogar als Aberglauben abtun. Ich habe in Irland jedoch sehr reflektierte und sogar gelehrte Menschen getroffen, die sie mit großem Gewinn für sich und sogar einer tüchtigen Portion Spaß in ihre spirituelle Praxis integriert haben.

Der wichtigste Aspekt der Sinnlichkeit des Segens ist die leibliche Zuwendung, die im liturgischen Kontext sonst nirgendwo so intensiv vorkommt. Wenn wir beim Feiern der Gegenwart Gottes an eine ganzheitliche Hinwendung zum Heiligen denken, dann muss zur gedanklichen Herausforderung und zur emotionalen Bewegung auch eine personale Hinwendung kommen. Solche Segensgesten können schlicht und ohne liturgischen Pomp gestaltet sein. Jemand malt mir ein Kreuz in die Hand oder auf die Stirn. Jemand legt mir die Hand auf den Kopf und steht mit mir einige Momente gefüllter Stille lang im Raum des Heiligen. Jemand nimmt meine beiden Hände in die seinen und spricht ein Gebet, wo mir vielleicht die Worte versiegt sind. Jemand kniet Seite an

Seite mit mir vor dem Kreuz, legt einen Arm auf meine Schulter und bekennt eine Verletzung oder ein Versagen. Jemand salbt meine Stirn mit Chrisam und macht so deutlich, dass auch ich ein erwähltes Kind des großen Liebhabers bin. Segensgesten im Gottesdienst, die potenziell fremden Menschen geschenkt werden, sind eine sensible Mischung aus respektvoller Distanz und zärtlicher Zuwendung.

Wir Menschen brauchen Nähe. Die meisten Gottesdienste in unseren altehrwürdigen Kirchen sind jedoch eher von Distanz geprägt. Das ist grundsätzlich nichts Schlechtes, denn da, wo keine Distanz ist und eine falsche Nähe zelebriert wird, ist die Grenze zur Manipulation leicht überschritten. Aber wir können von zwei Seiten vom Pferd fallen. Die Großkirchen fallen meist auf der Distanzseite, während die Freikirchen vorsichtig sein müssen, den Menschen ihre Freiheit zu lassen.

Ein letztes, archaisches Beispiel für einen sinnlichen Segen kommt aus der orthodoxen Tauflitiurgie: Hier wird der Täufling vom Priester angeblasen. Dieser Segen ist eigentlich ein Exorzismus, also ein Segen zur Bekämpfung lebensfeindlicher Kräfte. Durch den Hauch, der das Wehen des Heiligen Geistes ausdrückt, soll alles aus dem Täufling vertrieben werden, was dem kreativen Wirken des Geistes im Weg steht. Es ist ein Hauch in Erinnerung an den allerersten Hauch, der aus einem unbelebten Haufen Erde eine *nefesch chaja*, ein Wesen voller Kraft und Lebendigkeit werden lässt.

Ein Kreis aus Licht

Wir sind hier Wanderer fern von der Heimat. Wir kommen aus einer anderen Welt, auch wenn unsere Erinnerung diffus oder sogar verloren ist. Wir sind hier Grenzen, Einschränkungen und Widrigkeiten unterworfen und es ist nicht selbstverständlich, dass ein Mensch wirklich in den Menschen hineinwächst, als der er eigentlich gedacht ist.

Der Segen ist ein Stück Wegzehrung auf unserer Reise zu unserem wahren Selbst. Er überschreitet die Schwelle zwischen dieser Welt und den Gefilden, aus denen wir kommen. Er verbindet uns mit der ursprünglichen Kraft, die unser Leben durchdringen will.

Ich finde es ein schönes Bild, wenn wir uns Segen als einen Kreis aus Licht vorstellen. Wie ein Schutz zieht sich dieser Kreis um den, der um Segen bittet. Seine Dunkelheiten werden weniger absolut, und wir erahnen, dass unsere Grenzen nicht unüberschreitbar sind. Ein Segen lässt uns Anteil haben an der Ganzheit, aus der wir kommen. Wenn ein Segen gegeben oder empfangen wird, kann sich ein Fenster öffnen in die ewige Zeit. Und auch wenn uns nur ein kurzer Augenblick im Schein dieses Lichtes vergönnt sein mag, ist es doch, als wenn wir aus einem geheimnisvollen Brunnen schöpfen. Unser Herz sehnt sich nach seiner ursprünglichen Ganzheit und Unverletztheit. Ein Segen imaginiert den Ort, an dem die Gegensätze zusammenfallen, wo Verlust zu einem Schatz wird und Wunden nicht nur heilen, sondern geheilte Wunden neu erblühen.

Ich habe von einem Segensexperiment gehört, das einige Hundert Menschen in Washington über ein Wochenende hinweg wagten. An verschiedenen Orten rings um die Stadt versammelten sich Menschen, die ihrer Heimatstadt liebevolle Wertschätzung sandten. Sie stellten sich ohne Unterbrechung vor, was für ein lebenswerter und friedlicher Ort ihre Stadt sein könnte. Sie ließen sich nicht entmutigen von der tatsächlichen, vorfindlichen Wirklichkeit, sondern aktivierten ihre ganze Fantasie und Kreativität, um in ihrer Vorstellung ihre Stadt so konkret und liebevoll wie möglich zu verwandeln.

Es ist kaum zu glauben, aber die Kriminalitätsstatistiken zeigten einen deutlichen Rückgang für dieses Wochenende. Der Skeptiker mag das für Zufall halten, für unnachweisbar oder für eine esoterische Spinnerei. Es gibt seit Hunderten von Jahren einen Streit in der Philosophie, ob nun die Welt, so wie sie ist, unser Denken beeinflusst oder ob unsere Einstellung, Mentalität und geistige Vorstellungskraft unser Tun bestimmt und darüber hinaus die konkrete Erscheinungsform unserer Welt prägt. Sicherlich bedingt sich beides gegenseitig und es gibt hier kein Entweder-oder. Doch wir sollten uns hüten, den Einfluss unserer Gedanken gering zu schätzen.

Ein einfaches Beispiel dafür ist die Wahrnehmung von Eltern gegenüber ihren neugeborenen Kindern. Unabhängig davon, wie das Kind aus der Perspektive der jeweils geltenden Schönheitsideale tatsächlich aussieht, sind alle Eltern davon überzeugt, dass sie das süßeste und wunderschönste Kind auf der Welt haben. Und sie haben recht! Ihr liebevoller Blick auf das Kind kann dessen objektive Erscheinungsform verändern. Natürlich werden sie dadurch aus einem knubbeligen, dicken Baby kein Windelmodel machen. Aber durch ihre Wertschätzung und ihr Anerkennen des Wunders, das dieses kleine Wesen darstellt, fällt das Licht aus ihrem Herzen in das Sein ihres Kindes. Kinder, die sich geliebt wissen, erscheinen frei – und vielleicht sogar wild. Und darin leben sie eine Schönheit, die nicht abhängig ist von ihrer äußeren Statur und ihren Genen.

Und auch das Gegenteil steht uns klar vor Augen: Jeder kennt äußerlich schöne Menschen, die dennoch leer erscheinen, deren Schönheit vordergründig und hohl wirkt, weil sie keine innere Entsprechung hat. Diese Menschen haben die Verletzlichkeit, die wir alle als Gabe bekommen haben, aus ihrem Leben verbannt und sich darauf konzentriert, nach außen Stärke, Entschlossenheit und Größe zu demonstrieren. Es ist ein Segen für diese Menschen, wenn sie durch ein Ereignis in ihrem Leben oder durch eine bewegende Begegnung mit ihrer Schwäche in Kontakt kommen und den Mut aufbringen, das Unschöne, ja das Hässliche in ihnen anzuschauen und es in seinem Dasein zu würdigen. Wenn wir es wagten, unsere liebevollen Gedanken für Menschen und die Welt als einen Segen zu begreifen, bekämen wir eine Ahnung davon, welch positive Macht daraus erwachsen könnte.

Meine Frau und ich haben es selbst sehr anrührend erlebt: Unsere zweite Schwangerschaft verlief sehr problematisch und war von der Sorge geprägt, ob unser Kind lange genug Zeit haben würde, um gesund auf die Welt zu kommen. Am Abend nach einem schweren Tag mit neuen Problemen gab ich ein Konzert, das liebe Freunde von mir organisiert hatten. Während meine Frau mit unserem ungeborenen Kind in der Klinik lag, war ich mit unserem kleinen Sohn Hunderte von Kilometern entfernt. Es war schwer für mich, dieses Konzert zu beginnen. Aber in seinem Verlauf spürte ich eine immer stärkere Geborgenheit und Gewissheit, dass wir alle getragen sind. Natürlich kannten meine Freunde und auch einige der Konzertbesucher unsere Situation. Es erschien mir, als wenn von ihnen Licht, Wärme und Fürbitte zu mir fließen würden. Am Ende des Konzertes hatte ich die klare

Gewissheit: Du musst es sagen und von der Geborgenheit singen. Ich erzählte kurz, wie es um uns stand, und sang dann – obwohl es überhaupt nicht zu meinem Programm passte: »Von guten Mächten wunderbar geborgen, erwarten wir getrost, was kommen mag. Gott ist mit uns am Abend und am Morgen und ganz gewiss an jedem neuen Tag.« Die Menschen begannen mitzusummen und am Ende sangen wir alle die letzte Strophe gemeinsam. Ein Kreis aus Vertrauen und Licht hatte sich gebildet und jeder von uns – mit welchen Sorgen und welcher Last er oder sie auch gekommen war – fühlte, dass es gut ist. Als ich später bei meiner Frau anrief, war auch sie ganz gelöst und erzählte mir, dass sie einen guten Abend gehabt und neuen Mut geschöpft hatte – erst dann kam ich dazu, ihr zu sagen, was bei mir passiert war!

Die Welt lieben

Es ist keine große Kunst, unsere Welt als einen dunklen, abgründigen Ort zu begreifen. Wohin wir blicken, gibt es Ungerechtigkeit und Terror, Kriege überziehen Länder und eine ausbeuterische Wirtschaft macht die Armen ärmer. Wie lange wird diese Welt uns noch ertragen und dulden?

Natürlich sollten wir nicht wegsehen, wenn irgendwo Not herrscht. Es ist jedoch ein perfides und perverses Geschäft, unsere Angst nie erlöschen zu lassen, sondern beständig auf kleiner Flamme zu halten. Schreckliche Bilder werden uns jeden Tag vor Augen geführt, während wir kochen, essen, aufräumen, uns entspannen. Für die Presse sind nur schlechte Nachrichten gute Nachrichten. Aber was sollen wir angesichts dieses Übels ausrichten? Unsere Kraft ist nur klein und sie reicht oft schon nicht aus, um in unserem kleinsten Kreis für Frieden zu sorgen. Und so haben wir schnell die Antwort parat, die uns vorgekaut und immer wieder gesagt wurde: Sei zufrieden mit deinem kleinen Glück und halte dich aus den großen Angelegenheiten heraus. Die Zusammenhänge sind viel zu kompliziert für dich. Und deine Möglichkeiten enden an deinem Zaun.

Wenn wir diesen Stimmen Glauben schenken, verraten wir unsere Welt jedoch. Wir geben die Verantwortung an Systeme und ihre Protagonisten ab, die von nun an in unserem Namen handeln, aber nicht in unserem Sinne. Ihre Taten werden zerstörerisch sein und bestenfalls nicht uns selbst treffen, sondern die, die noch weniger ausrichten können. Wenn dann diese Haltung auch noch religiös verbrämt wird, ist unser heiliger Zorn gefragt. Wer behauptet, dass wir nicht von dieser Welt seien und uns um sie auch nicht zu kümmern brauchen, da sie sowieso dem Verderben anheimfallen würde, und unsere Heimat im Himmel sei, kann sich nicht deutlicher gegen die allumfassende Liebe Gottes stellen. Im Johannesevangelium steht an prominenter Stelle:

> So sehr hat Gott die Welt geliebt, dass er seinen einzigen Sohn gab. *Johannes 3,16*

Wenn Gott diese Welt liebt und sogar sich selbst für sie aufgibt – nicht nur für die Menschen, sondern für seine gesamte Schöpfung –, wie können wir dann gleichgültig bleiben?

Wir sollten bedingungsloser und kritischer fragen. Wir könnten unbequemer sein. Und wir können bei uns selber anfangen.

Der Philosoph Peter Sloterdijk hat einen Essay geschrieben mit dem Titel: »Über den Unterschied zwischen einem

Idioten und einem Engel«. Im Griechischen ist der Idiot wörtlich der Privatmann; der Typ, dessen Fürsorge und Anteilnahme an seinem Gartenzaun aufhört. Auf dessen Tor steht: *My home is my castle.* Der ganz in seiner eigenen kleinen Welt aufgeht.

Das Wesen des Engels dagegen ist Hingabe und Fürsorge. Sein kritischer Blick ist die andere Seite seiner liebevollen Wahrnehmung. Er erfragt das Gute nicht nur für sich selbst, sondern will es teilen. Wenn wir segnen, nehmen wir teil an der Aufgabe der Engel: Gottes gutes Wort für diese Welt spürbar und sichtbar werden zu lassen.

In der alten Kirche gab es ein tiefes Wissen um die transformative Macht der Fürbitte, der liebevollen Gedanken für Menschen und die Welt. Die betende Kirche setzt sich nicht nur aus den Menschen zusammen, die jetzt im Augenblick beten, sondern sie verläuft quer zu den Zeiten: Mit allen Engeln und Erzengeln, mit den Heiligen und unseren Ahnen, mit allen guten Kräften auf dieser Welt stehen wir in einem Kreis aus Licht und Fürsorge, wenn wir unsere Welt lieben, für sie beten und beginnen, sie zu verändern. Wenn wir begreifen, welches unglaubliche Kraftfeld sich durch unseren Segen und unser Gebet auftut, werden wir aufhören, uns hilflos zu fühlen, und endlich beginnen, unserer Bestimmung zu dienen: zu heilen, zu versöhnen und zu lieben!

Wir dürfen klein sein

Vielleicht wird uns von diesem Gedanken ganz schwindelig: So viel soll an uns liegen? An meiner kleinen Kraft? Wer bin ich, dass ich solch Gewaltiges bewirken soll?

Wir brauchen keine Übermenschen zu werden, und wir

können die Welt nicht erlösen. Keine Superstars und unangefochtene Helden! Wirkliche Veränderung geht von den Menschen aus, die anerkennen, wie klein sie sind. Die um die Zerbrechlichkeit und die Verletzlichkeit wissen. Schon rein körperlich waren die großen Symbolfiguren der Menschlichkeit und des Widerstandes keine Titanen, sondern schwache, und doch zähe Gestalten: Mahatma Gandhi und Mutter Teresa wirkten so effizient und überzeugend, weil sie um ihre Schwäche wussten und weil sie nicht versuchten, diese zu verbergen. Wahre Demut heißt, seinen Ort zu kennen: die Erde, zu der wir gehören!

Wir dürfen klein sein! Ja wir müssen es sogar. Nur wer immer wieder einmal seine heimlichen und offensichtlichen Bedürfnisse leben darf, kann sich Großes zutrauen. Selbstaufgabe und Selbstverleugnung hinterlassen irgendwann eine leere Hülle.

Es gibt viele gute Wege, klein sein zu können: den Schmerz zulassen und die Tränen fließen zu lassen, auch wenn das unmännlich ist; eine zärtliche Berührung annehmen und mich ganz in dieser intimen Zuwendung geborgen zu fühlen; annehmen, dass jemand mir etwas Gutes tut, ohne darauf zu schielen, wie ich es zurückgeben kann. Es ist nicht nur das Privileg der Kinder, zu empfangen, ohne zurückzugeben, und klein sein zu dürfen, weil alles andere angemaßt wäre. Wir brauchen von Zeit zu Zeit einen geschützten Raum für unsere Kleinheit.

Auf einem internationalen Kongress lernte ich eine beeindruckende junge Frau kennen. Sie war nicht nur attraktiv und intelligent, sondern sie hatte es auch sehr weit gebracht in ihrer Kunst. Dennoch war da etwas Enges und Verspanntes an ihrem Wesen. Ich ahnte, dass noch viel größere Kraft und Schönheit in ihr steckten, als die, die bereits zu sehen waren. Nach einem langen und ehrlichen Gespräch fragte ich sie, ob sie das kleine Mädchen anschauen wollte, das sie sei. Ob sie es lieb haben und herzen wollte? Ich hatte meinen Satz noch nicht beendet, als ihre Tränen schon zu fließen begannen. Und mit ihnen löste sich viel von der Spannung, die sie seit Jahren im Griff gehalten hatte. Sie erzählte mir, wie sehr sie sich bemüht hatte, eine gute Mutter zu sein, eine überragende Künstlerin, eine Geschäftsfrau, eine Partnerin. Über all dieser Anstrengung hatte sie vergessen, dass auch sie Zuwendung brauchte, Zärtlichkeit, Güte mit sich selbst, Geduld. In all ihren Aufgaben und Herausforderungen hatte sie funktioniert und ihren Wert daran gemessen, wie sehr ihr das gelang. Sie hatte sogar begonnen, sich dafür zu hassen.

Als der Knoten geplatzt war, begann sie in der ihr eigenen Kompromisslosigkeit, ihre Lügen aufzudecken, die nur dadurch zu Lügen geworden waren, weil sie sich die Kleinheit nicht gönnte. Sie begann, barmherzig mit sich selbst zu sein. Sie nahm einen schweren Abschied von ihren perfekten Ansprüchen an sich selbst. Sie fing an, sich mit anderen Augen zu sehen, mit den Augen dessen, der sie liebte und alles für sie gegeben hatte. Sie trat die lange, schmerzhafte, aber unendlich verheißungsvolle Reise der Heilung an. Ein halbes Jahr später schrieb sie mir, dass sich plötzlich Ereignisse in ihrem Leben eingestellt hatten, für die sie vorher hart, aber vergeblich gearbeitet hatte. Nun fielen sie ihr wie eine reife Frucht vom Baum in den Schoß. Sie sagte, dass sie vor unserer Begegnung noch nicht bereit gewesen sei, zu empfangen. Nun aber ließ sie sich beschenken. Und der Segen, den sie empfing, floss durch sie weiter und erreichte viele neue Menschen.

Es ist nicht leicht, klein zu sein. Wir haben es schwer mit uns selbst. Und es scheint nicht jederzeit möglich zu sein.

An der Kreuzung

Ich treffe dich an der Kreuzung.
Deine Reise hat dich bis hierher gebracht
Und mein Weg führte mich auch hierher:
Ein Zufluchtsort, ein heiliger Ort, ein Raum der Ruhe.

Nimm dir Zeit und sei still.
Hörst du die Schreie der Möwen?
Trau dich, deine Stimme zu erheben und sie in den
  Wind zu senden.
Schrei es heraus und fürchte nicht deinen Schmerz.
Schau dir deine Wunden an, tief geschnitten,
Und wisse, dass sie blühen werden.
Sei klein und schwach und du wirst groß sein.
Sei still und ruhig und du wirst gehört werden.
Sei die Kleine, die du einst warst,
Und du wirst du sein.
Sei das Kind, zu dem du geschaffen wurdest,
Und meine Welt gehört dir!   *Andy Lang*

Wir müssen lernen, den richtigen Moment zu erkennen. Und dann den Mut haben, uns ganz hinzugeben. Zu bitten. Und offen zu sein für das Geschenk. Der Segen wartet auf uns. Wollen wir das glauben?

Den neuen Tag empfangen

Jeder neue Tag birgt eine unglaubliche Vielfalt an Möglichkeiten in sich, die uns bei seinem Beginn noch völlig verborgen sind. Der neue Tag ist das Gefäß des Segens, der Fülle, der Potenziale, die darauf warten, von uns gelebt zu werden. Tage sind Räume, in denen unser Leben Gestalt annimmt, in denen es sichtbar und greifbar werden will.

Doch meist merken wir gar nicht, wie der neue Tag beginnt. Wir stolpern vielmehr in ihn hinein. Der Wecker klingelt, ein Stöhnen entrinnt unserer Kehle und sofort stehen die vielfältigen Anforderungen und Herausforderungen, die heute schon wieder auf uns warten, vor unserem inneren Auge. Wir tappen in den neuen Tag hinein und tun so, als wäre er unser eigener Besitz. Doch jeder Tag ist ein Geschenk, mit all seinen Möglichkeiten und Problemen. Meist erkennen wir die Kostbarkeit eines Geschenkes erst dann, wenn wir im Begriff sind, es zu verlieren. Es ist eine Kunst, den neuen, noch nie da gewesenen Tag als ein Geschenk zu begreifen, als einen Träger von Segen: Wir dürfen uns selbst entdecken als Künstler, die mit dem Instrumentarium ihrer eigenen Erfahrungen ihren neuen Tag gestalten und formen. Nicht der Tag wird über uns verhängt, sondern wir prägen ihn durch unseren Blick, mit dem wir wahrnehmen und empfangen, was er mit sich bringen mag. Wenn wir aufrichtig und bewusst leben, werden wir immer kreativer werden beim Annehmen des Neuen, das jeder Tag uns schenkt.

Die Iren wussten, dass jede Kunst auch ihr handwerkliches Geschick und Erfahrung braucht.

Alexander Carmichael erzählt von einem uralten Ritus, der sogar im 19. Jahrhundert dem zivilisierten, städtisch geprägten Betrachter wie eine Handlung aus altvorderer Zeit erschien:

> Alte Männer auf den Inseln ziehen noch heute ihre Mütze vom Kopf, wenn sie morgens die Sonne heraufkommen sehen, und summen ein Lied, das aber nur schwer aufzufangen oder von ihnen zu erfragen ist.

Ein Gebetsfragment, das die Sonne als leuchtendes Auge Gottes besingt, stammt von einem 99-jährigen Mann am Südende von South Uist. Es ist ein schier unglaublicher Gedanke, dass dieses Auge auf unserem kleinen Leben ruht – und es freundlich ansieht. Niemand kann uns die Tatsache dieser Behauptung beweisen. Wenn wir diesen machtvollen Gedanken jedoch am Anfang eines Tages meditieren, ist unser Glaube daran vielmehr eine Einübung in die Gewissheit, geborgen zu sein trotz allen Leids. Typisch irisch ist dabei die Verbindung von einem Wissen um Bewahrung und Segen mit einer ganz alltäglichen Naturerfahrung: dass die Sonne scheint. Aber dass sie das eben tut, ist ein Wunder für sich und erschließt sich dem staunenden Blick als Segen.

Während ich diese Zeilen schreibe, herrscht bei uns tiefster Winter. Berge von Schnee und ein stahlgrauer Himmel dominieren das Bild, das sich seit Tagen und Wochen unseren Augen offenbart. Gestern Nachmittag kam jedoch für zwei Stunden die Sonne durch und weite Felder blauen Himmels waren in ihrem Gefolge. Sofort fühlte ich mich froh und heiter. Am gleichen Tag erzählte mir ein Freund, dass er

Das Auge des großen Gottes,
das Auge der Herrlichkeit,
das Auge des Königs aller Mächte,
das Auge des Königs über allem, was lebt –
es strahlt über uns auf,
jeden Tag, jedes Jahr.
Es strahlt über uns auf,
zärtlich, in Fülle.
Ehre sei dir, glanzvolle Sonne,
Ehre sei dir, Sonne,
du Auge Gottes über allem, was lebt.

Keltisches Gebet

einmal in einem arabischen Land am Meer gelebt hatte, das über 330 Sonnentage im Jahr zählt. Am Ende des dortigen Winters fühlte mein Freund sich ausgelaugt und erschöpft. Es dauerte eine Weile, bis er bemerkte, dass er als Nordeuropäer darauf konditioniert war, sich im Winter zurückzuziehen, weniger Eindrücke aufzunehmen und seinen Lebensrhythmus zu verlangsamen. Dies erschien im strahlenden Sonnenschein, mitten auf den Plätzen voller Gerüche, Musik und sinnlicher Eindrücke unmöglich. Erst als er sich seiner Situation bewusst geworden war, entzog er sich diesem pulsierenden Leben, dunkelte sein Zimmer abends ab und schlief mehr, als er scheinbar brauchte. Nach kurzer Zeit war er wiederhergestellt – und konnte sich auch wieder über die Sonne freuen.

Wir brauchen Distanz zu den Dingen, die uns guttun. Wenn sie uns dann begegnen, so wie der neue Tag, können wir sie umso offener empfangen.

In dem berühmten Gebet »St. Patricks Brustharnisch« tauchen immer wieder die Worte auf:

Ich erhebe mich heute in gewaltiger Kraft.

Ich vermute, dass dies beim Aufstehen nicht vielen Menschen über die Lippen kommt. Mir jedenfalls tut morgens ab und zu das Kreuz weh und das fühlt sich dann überhaupt nicht nach einer gewaltigen Kraft an, mit der ich in den Tag starten könnte. Der springende Punkt in St. Patricks Gebet ist, dass diese »gewaltige Kraft« nicht die unsere ist: Der Heilige beschwört vielmehr die Präsenz des Göttlichen um ihn herum, die sich nicht nur im Glauben und dem Wort erschließt, sondern die auch die Erscheinungen dieser Welt durchdringt:

Ich erhebe mich heute,
durch die Kraft des Himmels,
das Licht der Sonne, den Glanz des Feuers,
die Schnelligkeit des Blitzes, die Zügigkeit des Windes,
die Tiefe der See, die Stabilität der Erde,
die Festigkeit des Felsens.

St. Patrick

Es ist eine sinnliche und konkrete Spiritualität, die die Erscheinungen dieser Welt und ihre Wirkung auf unser Leben als Segen begreift und bereit ist, Helles und Dunkles aus einer Hand anzunehmen. »Der Segen ist die Kunst, die Weisheit der unsichtbaren Welt zu ernten. Tag für Tag gewährt sie uns neue Gaben.« (John O'Donohue)

Mut für die Wahrheit

In dem wunderbaren schwedischen Film »Wie im Himmel« ist das zentrale Thema der Segen, der aus der Wahrheit fließt:

Ein begnadeter Dirigent erlebt auf dem Zenit seines Ruhmes einen Zusammenbruch. Er beschließt, der Welt des Glamours den Rücken zu kehren. Er will keine Musik mehr machen, sondern nur noch hören. Aus den Metropolen der Welt kehrt er in sein kleines schwedisches Heimatdorf zurück. Es dauert nicht lange, bis der Krämer des Ortes, ambitioniertes Mitglied im zweitklassigen Kirchenchor, ihn überredet, die Chorleitung zu übernehmen. Zögerlich stimmt der Künstler zu. Aber er will es nun ganz anders machen. Nicht einfach nur Musik möglichst detailgetreu und virtuos reproduzieren, sondern den ureigenen Klang jeder einzelnen Stimme im Chor entdecken.

Die ungewöhnlichen Chorproben rufen Begeisterung hervor, aber auch Ablehnung. Nach und nach entdecken die Menschen ihre Stimme und dadurch sich selbst. Aber sie können auch die jahrzehntealten Animositäten und Heucheleien, all die kleinen und großen Lügen und Selbstbetrügereien nicht mehr ignorieren. Uralte Konflikte brechen auf. Die Fassade bröckelt. Eine größere Wahrheit bahnt sich einen Weg ins Bewusstsein. Für manche ist sie zu gewaltig. Der fromme und kontrollierte Pfarrer der Gemeinde will dem Treiben einen Riegel vorschieben.

Die Schlüsselszene im Film ist voller Schönheit und Schmerz: Der Dirigent hat ein Lied für eine Chorsängerin geschrieben, in dem er nur die Töne verwendet, die zu ihr passen. Nun soll sie dieses Lied beim ersten großen Konzert des Chors singen. Aber Gabriella ist eingeschüchtert, da sie von ihrem Mann immer wieder halb tot geschlagen wird. Unmöglich kann sie so etwas Intimes und Wahres in der Öffentlichkeit zeigen. Der ehrgeizige Krämer Arne drängt sie in der Chorprobe: Es ist doch nur ein Lied. Da platzt es aus einem anderen Chormitglied heraus, der übergewichtige Alfred greift Arne an, in Rage versetzt durch die jahrzehntelangen Sticheleien des Überlegenen, Erfolgreicheren. Doch ein Wunder geschieht: Arne wehrt sich nicht, sondern weint über seine Schuld. Beide Männer sind getroffen von der Wucht der Wahrheit. Durch seinen Schmerz und seine Tränen hindurch lächelt Alfred Gabriella an. Und sie findet den Mut, sich ihrem Schatten zu stellen. Sie singt ihr Lied, und während ihres Gesanges verwandelt sich eine kleine, eingeschüchterte, graue Maus zu der schönen Frau, die in ihrer Wahrheit lebt.

Die Wahrheit unseres Lebens macht uns frei, der Mensch zu sein, als der wir geschaffen sind. Wenn wir durch unsere

Gerade jetzt gehört das Leben mir,
ich habe einen Moment hier auf der Erde bekommen
und meine Sehnsucht hat mich hergeführt,
nach dem, was mir fehlte, und dem, was ich erhielt.

Doch ist es der Weg, den ich wählte,
mein Vertrauen weit jenseits der Worte,
die mir ein kleines Stück des
Himmels zeigten, den ich nie erreichte.

Ich will spüren, dass ich lebe.
Die ganze Zeit, die ich habe,
werde ich leben, wie ich will.
Ich will spüren, dass ich lebe,
wissen, dass ich genüge.

Ich habe nie vergessen, wer ich war.
Ich habe es nur schlafen lassen.
Vielleicht hatte ich keine Wahl,
nur den Willen, noch zu bleiben.

Ich will glücklich leben,
denn ich bin ICH.
Will stark und frei sein können,
sehen, wie die Nacht zum Tag wird.

Ich bin hier
und mein Leben gehört nur mir.
Und den Himmel,
von dem ich glaubte, dass es ihn gäbe,
werde ich dort irgendwo finden.

Ich will spüren,
dass ich mein Leben
gelebt habe.

*Gabrielas Lied aus dem Film
»Wie im Himmel«, Schweden 2004*

Schönfärberei und Selbsttäuschung zu dieser Freiheit gelangt sind, wird ein ungeheurer Segen uns folgen. Dann können wir die Halbwahrheit und die hingebogene Wirklichkeit nicht mehr ertragen. Und wir werden anderen helfen auf ihrem Weg zu sich selbst.

Jeder kann segnen

Es dürfte bis hierher klar geworden sein: Jeder kann segnen und jeder soll es tun. Segen ist keine priesterliche Pose, die nur den Heiligen und Geweihten vorbehalten ist. Im Gegenteil: Ein professionell »erteilter« Segen kann kraftlos, kalt und unwürdig sein.

Der Segen kommt nicht von uns selbst. Wir sind der Kanal, durch den Leben, Liebe und Heilung von Gott her fließt. Deswegen ist es auch nichts Besonderes, zu segnen. Wir müssen den Segen vom Sockel holen und ihn wieder in unsere Alltagsfrömmigkeit integrieren, wie es bei den Iren noch gang und gäbe ist. So wie der Segen kein priesterliches Vorrecht ist, so wenig darf er auf rituelle oder liturgische Kontexte eingeengt werden – obgleich er in diesen Situationen oft besonders kraftvoll fließen kann. Eine Ahnung von Würde und Schönheit durchzieht unseren Alltag, wenn er mit kleinen Segenshandlungen geheiligt wird: Dem Brot wird ein Kreuz eingedrückt, bevor es in den Ofen geschoben wird. Die Kinder bekommen ein Kreuz auf die Stirn gemalt, bevor sie sich auf den Schulweg machen. Wir halten vor dem Essen einen Moment inne und denken an den, der alle Speisen gegeben hat, und danken für das Geschick und die Liebe des Koches oder der Köchin. Meine Frau verabschiedet mich vor der Fahrt zum Konzert mit einem Wort des Se-

Möge dann und wann deine Seele aufleuchten
im Festkleid der Freude.
Möge dann und wann deine Last leicht werden
und dein Schritt beschwingt wie im Tanz.
Möge dann und wann ein Lied aufsteigen
vom Grund deines Herzens, um das Leben zu grüßen
  wie die Amsel den Morgen.
Möge dann und wann der Himmel über deine Schwelle
  treten.

Irischer Segen

gens: »Sei behütet!« Wenn ich nachts nach Hause komme, lege ich die Hand auf die Stirn meiner Lieben und wünsche ihnen Erholung und Gottes Lächeln über ihrem Schlaf. Ganz schlicht. Nichts Theatralisches. Aber es spiegelt die tiefere Dimension unseres Lebens wider. Es schließt den Kreis zwischen Empfangen und Geben.

Meine Mutter würde sich selbst nicht als sehr kirchlichen Menschen bezeichnen. Aber sie hat es sich angewöhnt, mit ihrem Enkel in die wunderschöne Kathedrale ihres Wohnortes zu gehen, wann immer sie die Innenstadt besuchen. Die beiden laufen Hand in Hand durch die gewaltigen gotischen Bögen. In der Gebetsnische mit den Kerzen bleiben sie stehen. Arthur darf eine Kerze anzünden. Und dann denken die beiden an ihre Lieben und danken für alles Schöne. Wenn sie wieder in den Trubel des Marktplatzes eintauchen, ist es Zeit für eine leckere Bratwurst. Alles wird mit Hingabe getan: die Schönheit der Kunst längst vergangener Meister bestaunt, die Stille des Gotteshauses gewürdigt, die Lebendigkeit der Kerze wahrgenommen, der Dank für die Geborgenheit gesprochen und den herrlichen Geschmack der Wurst genossen. In dieser Reihenfolge. Und in all diesen kleinen Gesten und Handlungen ist der Segen präsent, der unseren Geist und unseren Körper nährt und uns mit Gutem erfüllt.

Es macht Spaß, den Segen mitten im Alltag zu entdecken. Ein bisschen Mut, etwas Ungewöhnliches zu tun, und ein bisschen Kreativität brauchen wir dazu. Und wenn wir dann so weit sind, werden wir merken, dass auch der Mut und die Kreativität schon Früchte des Segens sind.

Etwas Gutes sagen

Unser Wort »segnen« kommt von dem althochdeutschen Wort *seganon*, eine germanisierte Fassung des lateinischen *signare*. Wörtlich heißt dies: »mit einem Zeichen versehen«. Wenn wir jemanden segnen, versehen wir ihn also mit dem Zeichen der Macht des Göttlichen. So ist der Mensch herausgehoben aus dem rein Irdischen und seine transzendente Bestimmung wird beschworen. Segnen ist mehr als Lebenskraft wünschen. Es ist kein Fruchtbarkeitsritus. Mit dem Segen beschwören wir das Potenzial eines Menschen, seine Bestimmung in dieser und in jener Welt zu finden.

Anschaulich und schlicht zugleich verbindet das Kreuz diese beiden Lebensbewegungen: die Horizontale und die Vertikale. Ein schönes und schlichtes Ritual des ganzheitlichen Segens findet sich in der katholischen Eucharistiefeier: Bevor der Priester das Evangelium liest, zeichnet er jeweils ein Kreuz auf seine Stirn, seinen Mund und sein Herz. Sein Denken, Reden und Fühlen soll durchdrungen sein von der Kraft des Auferstandenen. Eine ähnliche Intimität strahlt das Kreuzzeichen aus, wenn ich mich bei der Anrufung der Trinität selbst mit diesem Zeichen versehe: Meine Hand wandert von meiner Stirn zu meinem Bauch und von meiner rechten Brust zur linken, wo sie schließlich über meinem Herzen liegen bleibt. Die Metaphorik dieser Geste ist kein Geheimnis: Mein Schöpfer möge mein Denken bestimmen, mein Erlöser meine Triebe heiligen und mein Tröster mein Herz stärken!

Meine Frau und ich baten meinen ehemaligen Mentor, uns zu trauen. Ich fragte ihn, ob er eine Idee hätte, wie in diesem Gottesdienst nicht nur wir beide gesegnet werden könnten, sondern alle, die es wollten. Mein Mentor ist ein

Heilige Handlung

Wenn ich später ins Bett komme
und du schon den verschlüsselten Bildern
in deinen Träumen nachgehst,
dann lege ich dir zart die Hand auf die Stirn
und segne dein Leben.
Ich gebe ihm die Bedeutung der Bedeutungen.

Da kommt aus meiner Hand und von deiner Stirn
der Segen zurück und erwärmt mich
mit einem überraschenden Feuer,
bis ich in einen tiefen Schlaf falle,
der mich weit macht.

Ulrich Schaffer

sehr kreativer Mensch und er lächelte nur. Ich ließ es dabei bewenden und war mir sicher, dass er sich irgendetwas Außergewöhnliches ausdenken würde. Und so war es. Nach unserem Trausegen erklärte er der versammelten Gemeinde, segnen heiße auf Lateinisch *benedicare* und das heiße wörtlich übersetzt: etwas Gutes sagen. Dann forderte er alle Paare auf, sich gegenseitig etwas Gutes zu sagen. Die Kirche war erfüllt von liebevollen, kreativen und ungewöhnlichen Segenswünschen. Den schönsten bekam wohl die Trauzeugin meiner Frau von ihrem Freund: Er sagte etwas Gutes zu ihr, indem er um ihre Hand anhielt. Die beiden bekamen noch vor uns Kinder und sind ein wunderbares Paar. Dann sollten wir mit unseren Händen ein Segenstor bilden. Und alle, die es wollten, konnten durch dieses »Tor« schreiten und auf der anderen Seite einen Segen meines Mentors empfangen. Dann bildeten sie selber ein Tor, sodass nach und nach eine ganze Segensgasse entstand. Das Lustige dabei war, dass die, die durch diese Gasse schritten, sich wegen der unterschiedlichen Größe der Paare ziemlich bücken mussten. Wer Segen empfangen will, darf klein sein!

Jeder war berührt von diesem schlichten und doch wirkungsvollen Ritual. Bei einer Trauung ist es manchmal schwer, die Balance zu finden zwischen der Freude über die Liebe des jungen Paares und der Ernüchterung darüber, wie viele anwesende Paare miteinander im Krieg leben oder bereits getrennt sind. Aber dieser Segen umfasste einfach alles: die Not und die Freude, das Lachen und die Tränen. Dieser Segen war ehrlich und angemessen. Und deswegen hat er die Menschen berührt.

Eine bewegende Szene beschreibt John O'Donohue von einem Gospelgottesdienst, den er in New York besucht hatte. Der Prediger bat die Leute am Ende seines Vortrages über

Segen, sich zu ihrer Nachbarin oder zu ihrem Nachbarn umzudrehen und ihr oder ihm zu sagen: »Dir wird Gutes widerfahren.« Der Nachbar des berühmten Schriftstellers war ein kleiner, pummeliger, schwarzer Junge. Dieser sagte mit heiligem Ernst und vollen Pausbacken zu John O'Donohue: »Dir wird Gutes widerfaan.« Und der Philosoph sah noch die ganze folgende Woche dieses aufrechte kleine Gesicht mit dieser segensreichen Botschaft vor seinem geistigen Auge. Und tatsächlich: Diese Woche schien erfüllt von Gegenwart und Glück.

Segen im Leid?

Wenn uns etwas Schlimmes widerfährt – wir einen geliebten Menschen verlieren, mit einer ernsten Krankheit konfrontiert werden, wenn ein Unfall unser Leben von einem Moment auf den anderen grundlegend ändert oder wenn eine Freundschaft zerbricht –, dann stehen wir schutzlos im weiten Raum. Eine Frage hämmert tief in unserem Herzen bis in unsere Kehle: Warum? Warum gerade ich?

Die Gefahr ist dann groß, Antworten zu geben oder Trost zu spenden, der gar keiner ist: Schau, so schlimm ist es doch gar nicht! Das wird schon wieder werden! Die anderen hat es noch viel schlimmer getroffen! Ich denke an Hiobs Freunde: Mit ihren Lebensweisheiten und ihren frommen Versuchen, dem unsäglichen Leid Hiobs einen Sinn abzugewinnen, machen sie die Unerträglichkeit noch viel schlimmer.

Nichts macht uns so einsam wie das Leiden. Ich habe neulich mit einem jungen Mann gesprochen, dessen Freund ein massives Burn-out-Syndrom erlitt. Er war niedergeschlagen bis zur Sprachlosigkeit. Mein Gesprächspartner war ratlos: Was sollte er seinem Freund sagen: Wie geht's dir denn? Sollte er über Alltägliches reden? Von seiner Familie erzählen? Alles das erschien ihm hohl und unangemessen. Und deswegen gab er es nach zwei, drei Versuchen auf, seinen Freund zu besuchen.

Ich möchte dies nicht verurteilen. Es ist schwer und fast unerträglich, unsere eigene Ohnmacht und Sprachlosigkeit auszuhalten. Aber gerade hieraus kann unserem Freund im Leid Segen zuteilwerden. Das Schweigen mit ihm durchhalten. Seine Hand nehmen und ihn einfach anschauen. Einen langen Spaziergang machen, ohne Worte. Oder etwas ganz Banales miteinander tun: ein Fußballspiel besuchen, ins Kino gehen, ihn zu einem Konzert einladen.

Eine liebe Freundin von mir verlor ganz plötzlich und unerwartet ihren Mann in der Mitte seines Lebens. So viel Pläne hatten sie noch und so viel Schönes sich vorgenommen. Nach der Zeit der Kindererziehung hatten sich beide darauf gefreut, wieder mehr Zeit füreinander zu haben und sich als Paar neu zu entdecken. Sie waren auf einem verheißungsvollen Weg. Und jäh und brutal endete dieser Weg. In den ersten Wochen nach seinem Tod war meine Freundin nie allein. Immer waren Freunde und Familie um sie, die sie trösteten, die mit ihr redeten und ihren Schmerz teilten. Wenn sie sich zurückziehen wollte, tat sie es, während jemand anderes einstweilen in der Küche kochte oder die Einkäufe erledigte. Es war anrührend, wie sich eine Gemeinschaft von segensreichen Menschen einbrachte. Es entstanden sogar neue Freundschaften untereinander. Und dennoch kam der Alltag nach einiger Zeit unvermeidlich zurück. Wieder auf eigenen Füßen stehen. Wieder allein sein. Wieder funktionieren. Eines Abends klingelte das Telefon. Eine alte

Freundin, mit der sie schon lange keinen regelmäßigen Kontakt mehr hatte, war am anderen Ende der Leitung. Sie sagte: »Ich dachte, ich melde mich jetzt erst, wo der Trubel vorbei ist. Wenn du Lust hast, kannst du jederzeit zu uns kommen. Und du musst nichts sagen. Wir können einfach miteinander fernsehen, Karten spielen oder ein Buch lesen. Ruf nicht vorher an, sondern komm einfach!«

Meine Freundin hat sich sehr über diesen unerwarteten Anruf gefreut. Und war froh darüber, nicht über sich reden zu müssen. Wir können nicht ständig eine emotionale Nabelschau betreiben. Aber wir dürfen geborgen sein, aufgehoben in der Gegenwart uns naher Menschen. Vielleicht kommt dann irgendwann zum Leben, was im Schmerz dumpf und erstarrt war. Vielleicht ist es »eine schwere Geburt«, aber wir brauchen Zeit, wir tasten und spüren vorsichtig, was da an Neuem in uns wachsen will, wir lernen loszulassen und unseren Verlust anzunehmen.

Wir können den Schmerz des anderen nicht wegzaubern. Wir können keinen Sinn erzwingen. Aber wir können den Weg ein kleines Stück mitgehen. Aushalten, was der andere tragen muss, und in diesem Aushalten vielleicht sogar ein kleines Stück der Last mittragen.

Wenn uns dies gelingt, wird im Leiden Segen erfahrbar. Klein und unscheinbar, vielleicht kaum wahrzunehmen. Aber die Zusage, dass unser Leben getragen ist und geborgen bleibt, unabhängig davon, wie wir uns fühlen und was wir davon halten, gilt.

Die Angst benennen

Warum fürchten wir Menschen die Dunkelheit? Warum spielen Gespenstergeschichten nicht am helllichten Tag, sondern um Mitternacht? Wir haben Angst vor dem namenlosen, dem gestaltlosen Grauen. Wenn wir genau wüssten, was uns bedroht, wäre unsere Angst definiert und hätte ihre Grenzen. So aber wächst sie ins Maßlose, Unermessliche. Sie wird übermächtig, sie erdrückt uns und lähmt unseren Widerstand.

Es ist gut, unserer Angst ein Gesicht zu geben. In der keltischen Welt gab es allerlei Geister, Gnomen und Feen – meist Naturgeister, die segensreich wirken konnten, aber auch Fluch brachten, wenn sie verärgert waren. Auf kindliche Weise beschrieben die Kelten damit die Ambivalenz ihrer Lebenserfahrung: Wenn das Leben im Rhythmus der Natur verlief, konnte es blühen und gedeihen. Wenn es aber in seiner eingebundenen Struktur beschädigt wurde – durch ein Versehen, eine Schuld, durch Unwissen oder höhere Gewalt –, waren die Lebenskräfte gebannt. Man musste die Feen versöhnlich stimmen, um wieder in die ursprüngliche Textur des Lebens zurückkehren zu können.

Aberglaube? Ich glaube vielmehr, dass sich hinter dieser sehr konkreten Art, der Angst einen Namen zu geben, große Lebenserfahrung verbirgt. Denn wer das, was beängstigend und lebenshemmend sein kann, nicht verdrängt und in tiefere Schichten des Bewusstseins verbannt, begrenzt seine Angst. Er lässt das Feindliche bei sich wohnen, weil es eben auch einen Ort braucht. Und vielleicht wird dadurch das Gesicht der Angst kleiner, klein und listig, vielleicht sogar verschlagen, aber es ist nicht mehr das maßlose Grauen. Und wer weiß, vielleicht entpuppt es sich sogar als unerwarteter Freund.

Ich habe so etwas in Irland erlebt. Eher zufällig entdeckte ich, dass ich eine Unverträglichkeit gegen ein bestimmtes Lebensmittel hatte. Und dabei schmeckte mir ausgerechnet dieses so unglaublich gut. Es war ein Schock. Wie sollte ich ohne es auskommen? Diät halten macht keinen Spaß. Ich erzählte einem meiner Pilger davon. Das wunderbare an unseren Pilgerreisen ist, dass wir miteinander auf dem Weg sind und voneinander lernen können. Er dachte ein wenig nach und sagte dann: »Weißt du, vielleicht ist das gar nicht so schlecht. Nimm dir doch mal Ruhe und Zeit und stell dir deine Allergie als ein Wesen vor. Frag es, warum es da ist und welche Botschaft es für dich hat.« Bei einer unserer langen Wanderungen kommen wir durch einen uralten Eichenwald, dessen Wurzeln mit tiefem Moos überwuchert sind. Ich legte mich auf solch eine Wurzel abseits des Weges und hörte in mich hinein. Da »erschien« mir meine Allergie als listiger kleiner Gnom. Ich fragte ihn, ob er mir etwas sagen wolle. Er nickte eifrig mit seinem kleinen Kopf. Seine Botschaft war, dass ich barmherziger mit mir selber sein solle. Dass ich mir Zeit für Sport nehmen solle und Dinge tun dürfe, die mir einfach guttaten. Und all dies sollte kein neues Element auf meiner To-do-Liste sein, sondern mir Spaß machen. Ich fragte den Gnom, ob er mich auch wieder verlassen würde. Abermals nickte er und wir schlossen einen Vertrag: Ich würde mich besser um mich kümmern, und er würde weiterziehen.

Als ich aufstand, fühlte ich mich ganz leicht und frei. Hatte ich mir dies alles eingebildet? War ich – angeregt von meinem Pilgerfreund – meiner eigenen Fantasie auf den Leim gegangen, die mir in einem verwunschenen, ehrwürdigen Wald einen Streich gespielt hatte?

Ich wusste keine Antwort – aber vorsichtshalber hielt ich mich an meine Abmachung. Als ich nach der nächsten

Untersuchung meine Laborwerte bekam, waren keine Allergene mehr nachzuweisen. Aber indem ich eine Zeit lang auf dieses Lebensmittel verzichtet hatte und den Vertrag mit meinem Gnom geschlossen hatte, fühlte ich mehr Kraft und Energie und war voller Tatendrang. Das, was mir zunächst Angst gemacht hatte, hatte sich auf meinem Weg, gesund und glücklich zu leben, als Verbündeter erwiesen.

Ich möchte beides ansehen – das, was mir Angst macht, und das, was mich beschützt und lebendig macht. Beides ist ein Teil meiner Welt und beides darf seinen Ort haben. Und alles kommt von Gott.

Segen und Fluch

Wer über Segen spricht, kann vom Fluch nicht schweigen. Wer die liebevolle Bewahrung und den freundlichen Blick auf unser Leben kennt, weiß auch, dass es Lebenshemmendes gibt, zerstörerische Kräfte, die wir nicht zuletzt selbst über uns bringen können.

Das ganze 28. Kapitel des Deuteronomiums ist eine spektakuläre Gegenüberstellung von Segen und Fluch. Gott gibt seinem Volk die Zehn Gebote. Sie einzuhalten soll bewirken, dass jeder in Freiheit und Frieden leben kann, man aufeinander Rücksicht nimmt und den Segen des Landes teilt. Wer in diesen Geboten wandelt, wird ein gutes und reiches Leben führen. Dies gilt nicht nur für den Einzelnen, sondern für das ganze Volk. Wer sich aber den zerstörerischen Kräften des Neids, der Habsucht und Gier und der Ignoranz und Respektlosigkeit hingibt, wird deren Früchte ernten. Der zweite Teil des Kapitels ist eine leidenschaftliche Beschreibung all der schrecklichen Konsequenzen dieser Vergehen.

Die Kelten wussten, dass sich Menschen nicht immer nur wohlgesonnen sind. Und sie schützten sich vor den Einflüssen neidischer oder böser Menschen mit Segensworten. Noch heute wird ein schlichtes »im Namen Gottes« gesprochen, wenn man ins Auto steigt und losfährt. Man muss alles segnen, so ist die Überzeugung. Der liebevolle Blick auf das Haus unseres Nachbarn, auf die Kinder auf dem Schulweg oder auf das Vieh, das auf die Weide getrieben wird, ist ein starkes Mittel. Und es ist besonders mächtig, wenn mein Nachbar mir vielleicht nicht gewogen ist. Wenn sein Auge voller Neid auf meinem Haus ruht. Aber indem ich mich des ehernen Gesetzes »Wie du mir, so ich dir« verweigere, durchbreche ich den Fluch und sende Licht und Segen in seine Dunkelheit. Vielleicht wird er sich dadurch verändern. Vielleicht aber auch nicht. Mein Interesse darf nicht sein, ihn zum Guten hin zu manipulieren, sondern mich und meinen Blick selbst in der Kraft des Segens zu bewahren.

Der Apostel Paulus ermahnt: »Segnet, und flucht nicht.« Wenn wir diesem Wort folgen, ist der Nutznießer davon nicht zuerst unser Nächster, sondern wir sind es selbst. Wenn wir unserer Welt mit liebevollem Blick und Anteilnahme begegnen, wird uns das gleiche Wohlwollen und noch mehr wieder entgegenkommen.

Sei behütet – an der Pforte des Abschieds

Unser Leben ist eine Pilgerreise zu unserer wahren Bestimmung. Auf unserem Weg begegnen uns liebevolle Menschen und solche, die Böses im Schilde führen. Wir werden überraschende Gaben entdecken und Reichtümer finden, von denen wir nicht geträumt haben; und wir werden immer wieder an unsere Grenzen stoßen und durch unsere Wunden und unsere destruktiven Gedanken vom Weg abgelenkt werden. Entscheidend ist nicht, wie steil, unwegsam und steinig unser Weg ist. Vielleicht wird er dadurch umso größere Kräfte in uns herausfordern. Die entscheidende Frage ist, ob wir uns immer wieder auf den Weg machen, ob wir die Herausforderungen unseres Lebens als Einladung begreifen, zu wachsen – oder ob wir sie nur als lästige Widrigkeiten empfinden, die uns ein ungnädiges Schicksal wieder einmal in den Weg gelegt hat.

Ein Freund hat vor einigen Jahren ein Grundstück in Südafrika gekauft, direkt am Kap der Guten Hoffnung. Auf diesem Stückchen Land stand ein kleines Farmhaus, umzingelt von vielen Büschen und Unkraut. Obwohl der Boden karg und kalkhaltig ist, wollte mein Freund dort Wein anbauen. Für dieses Wagnis hatte er all seine Habe in Deutschland verkauft. Die lokalen Weinbauern betrachteten ihn als ausländischen Spinner. Der größte Winzer der Gegend meinte sarkastisch, dass er gerne eine Flasche dieses vorzüglichen Essigs, den mein Freund anbaute, kaufen würde. Doch mein Freund begann trotzdem und ließ sich nicht entmutigen. Er rodete und pflanzte, baute eine Halle und hegte seine kleinen Weinstöcke. Nach drei Jahren, so hoffte er, könnte er die ersten Reben ernten. Es dauerte fünf Jahre. Im sechsten Jahr gab es den ersten Wein. Und im achten Jahr gewann er den

Segen gegen den Fluch

Du voller Treue, Gott,
zeichne mich gegen alle Flüche,
zeichne mich gegen allen Zauber,
du Gott des Lebens voll Mitgefühl.

Verzeihung schenke du mir
bei meinen mutwilligen Reden,
bei meinen falschen Schwüren,
bei meinen dummen Taten,
bei meinem leeren Geschwätz.

Wie du im Anfang warst,
als meine Wege begannen,
so sei du auch wieder
am Ende meines Weges.

Wie du bei mir warst,
als meine Seele sich formte,
so sei du, Vater, auch
für meinen Weg das Ziel.

Sei bei mir allezeit,
ob ich liege oder stehe,
sei bei mir im Schlaf,
bei denen, die mir lieb sind.

Andy Lang

nationalen Weinpreis. Entgegen den südafrikanischen Weinbautraditionen, die große Erträge eines guten fruchtigen Weins auf fruchtbaren Böden einfahren, hatte mein Freund eine kleine Menge exzellenten Weins auf einem kargen, widerstrebenden Boden erwirtschaftet. Mit einem Lächeln sagte er zu mir: Mit gutem Wein ist es wie mit guten Menschen – er muss kämpfen, um reif zu werden.

Ich mochte dieses Bild auf Anhieb: All der Sand in unserem Getriebe, all die Einbahnstraßen und Sackgassen, die wir schon gegangen sind, haben ihr verborgenes Geschenk für uns. Wenn wir sie annehmen, wird uns der Segen zuteil, unser eigenes Leben zu entdecken.

Wie kaum ein anderes Volk sind die Iren immer wieder gezwungen worden, Herd und Heim zu verlassen, ihre geliebte Insel zurückzulassen, aus dem Kreis ihrer Zugehörigkeit zu treten. Katastrophale Hungersnöte, große Armut und nicht zuletzt immer neue Besatzung durch fremde Völker sind der geschichtliche Hintergrund dieser tiefen Erfahrungen, die sich kollektiv in die irische Seele eingebrannt haben. Im altirischen Recht war die Verbannung die schlimmste Strafe für ein Vergehen. Die irischen Mönche wählten freiwillig diese Entwurzelung, weil sie ahnten, dass dem Abschied eine ganz besondere Möglichkeit innewohnt: Ich trete über die Grenzen meiner eigenen Definitionen und Zuschreibungen hinaus. Ich verzichte auf das Sammeln und Haben und begreife mein Leben als ein inneres Wachstum, das mich immer wieder neu an Grenzen führt und darauf wartet, dass ich sie überschreite. Auf unserer Wanderung müssen wir Schwellen überschreiten und unbekannte Räume betreten, die unsere Überzeugung prüfen.

Der Segen ist hier ein gewaltiger Helfer: Er verwandelt Ferne in einen geistlichen Raum. Wir sind noch fern von der

Heimat, doch schon von Weitem leuchtet ein Licht auf, das uns den Weg weist und uns Vertrauen und Zuversicht schenkt. Das ist der Segen: Jemand macht sich auf zu uns. Er geht uns entgegen. Er breitet seine Arme aus. Er erwartet keine Rechtfertigung und Schönfärberei. Er nimmt uns an die Hand, und schließlich wird er uns nach Hause führen. All diese Bilder entstammen dem wunderbaren Gleichnis vom wiedergefundenen Sohn. Der Vater macht sich schon auf den Weg, »als er noch weit von dannen war«.

Es liegt eine Verheißung darin, uns nicht allzu häuslich einzurichten, zum Aufbruch bereit zu sein, das Potenzial der Entdeckung zu ahnen und die Menschen zu segnen, die sich bereitfinden, ihrem Weg zu folgen – meinen eigenen Partner in seinen Entwicklungspotenzialen; meine eigenen Eltern, wenn sie den Weg zur letzten Reise beginnen; meine Kinder, wenn sie dem Ruf der Freiheit folgen und das geschützte Nest verlassen; mich selbst, jeden Tag neu. Unsere Sehnsucht wird uns führen. Unsere Reise kann zu etwas Heiligem werden. Wir treten in den Raum der Verheißung ein, wenn wir uns auf die Suche machen zu uns selbst.

Dies ist das tiefe Geheimnis des Abenteuers Segen. Segen ist weder die Erfindung dessen, was nicht ist, noch der blauäugig-verträumte Glaube, die unschuldige Energie des Wohlwollens könnte etwas Destruktives verändern. Der Segen ist eine weit gefestigtere und robustere Wesenheit ... Wenn wir jemanden segnen, rufen wir die Kraft seines unendlichen Selbst buchstäblich zum Handeln auf. *John O'Donohue*

Nimm dir Zeit,
ehe du losziehst,
deinen Auszug zu segnen,
dein Herz von allem Ballast zu befreien,
sodass der Kompass deiner Seele dich führen möge
zu den Gilden deines Geistes,
wo du mehr von deinem verborgenen
Leben entdecken wirst
und den Dringlichkeiten,
die mit Recht Anspruch auf dich erheben.

Mögest du wach reisen, erweckt,
klug gesammelt in deinem inneren Grund,
auf dass du die Einladungen nicht vergeuden mögest,
die dich entlang des Weges erwarten,
um dich zu verwandeln.

John O'Donohue

Verwendete Literatur und Quellennachweis

S. 9: aus: Jörg Zink, Wie wir beten können, © Kreuz Verlag, Stuttgart 1970, Neuausgabe 2008, S. 15

S. 12 f.: aus: Jörg Zink, Sie nach den Sternen, gib acht auf die Gassen, © Kreuz Verlag, Stuttgart 1992, Neuausgabe 2008, S.61

S. 15: aus: ebd., S. 83 f.

S. 16: Rose Ausländer, Glauben. Aus: dies. Ich höre das Herz des Oleanders. Gedichte 1977–1979, © S. Fischer Verlag GmbH, Frankfurt am Main 1984

S. 21: Gregor der Große, zitiert nach Jörg Zink, Dornen können Rosen tragen, Kreuz Verlag, Stuttgart 1997, S. 211

S. 23: Hildegard von Bingen, zitiert nach Jörg Zink, Dornen können Rosen tragen, Kreuz Verlag, Stuttgart 1997, S. 259

S. 27: »Der heilige Geist ist die Quelle des Lebens«, aus: Lieder, Hildegard von Bingen, © Otto Müller Verlag, 2. Auflage, Salzburg 1992, S. 229

S. 30: aus: John O'Donohue, Echo der Seele. Aus dem Englischen von Ditte und Giovanni Bandini. © 1999 Deutscher Taschenbuch Verlag, München

S. 42: Alexander Carmichael, deutsch zitiert nach Manfred Wester, Einübung ins Glück – in Irland entdeckt. Anstiftung zum einfachen Leben, Burckhardthaus-Laetare-Verlag, Offenbach/Main 1986, S. 39

S. 43: aus: Antoine de Saint-Exupéry: Der Kleine Prinz. Aus dem Französischen von Grete und Josef Leitgeb © 1950 und 2008 Karl Rauch Verlag, Düsseldorf

S. 49: überliefert nach Alexander Carmichael, *Carmina Gadaelica,* deutsch zitiert nach Manfred Wester, Einübung ins Glück – in Irland entdeckt. Anstiftung zum einfachen Leben, Burckhardthaus-Laetare-Verlag, Offenbach/Main 1986, S. 16

S. 54: aus: Antoine de Saint-Exupéry: Der Kleine Prinz. Aus dem Französischen von Grete und Josef Leitgeb © 1950 und 2008 Karl Rauch Verlag, Düsseldorf

S. 70: überliefert nach Alexander Carmichael, *Carmina Gadaelica,* deutsch zitiert nach Manfred Wester, Einübung ins Glück – in Irland entdeckt. Anstiftung zum einfachen Leben, Burckhardthaus-Laetare-Verlag, Offenbach/Main 1986, S. 68

S. 71: Allgemeines Liedgut, deutsche Übertragung vom Autor

S. 71 f.: aus: »Irisches Tagebich« von Heinrich Böll, © 1957, 1988, 2005 Verlag Kiepenheuer & Witsch GmbH & Co. KG, Köln

S. 76: Brigid von Kildare, deutsch zitiert nach Peter Aschoff, Licht der Sonne, Glanz des Feuers. Die Spiritualität Irlands entdecken, R. Brockhaus Verlag, Wuppertal 2006, S. 66

S. 95: aus: Fjodor Dostojewskij, Die Brüder Karamasoff, zitiert nach Jörg Zink, Dornen können Rosen tragen, Kreuz Verlag Stuttgart 1997, S. 337

S. 101 f.: aus: Alexander Carmichael, *Carmina Gadaelica,* deutsch zitiert nach Manfred Wester, Einübung ins Glück – in Irland entdeckt. Anstiftung zum einfachen Leben, Burckhardthaus-Laetare-Verlag, Offenbach/Main 1986, S. 15

S. 103 f.: Andy Hoffschildt, unveröffentlicht

S. 106: aus: Ray Simpson, *Exploring Celtic Spirituality. Historic Roots for our Future,* London/Sydney, Auckland 1995, deutsch zitiert nach Peter Aschoff, Licht der Sonne, Glanz des Feuers. Die Spiritualität Irlands entdecken, R. Brockhaus Verlag, Wuppertal 2006, S. 85

S. 110: aus John O'Donohue, Echo der Seele. Aus dem Englischen von Ditte und Giovanni Bandini. © 1999 Deutscher Taschenbuch Verlag, München

S. 113: aus Jörg Zink, Sie nach den Sternen, gib acht auf die Gassen, © Kreuz Verlag, Stuttgart 1992, Neuausgabe 2008

S. 133: überliefert nach Alexander Carmichael, *Carmina Gadaelica,* deutsch zitiert nach Manfred Wester, Einübung ins Glück – in Irland entdeckt. Anstiftung zum einfachen Leben, Burckhardthaus-Laetare-Verlag, Offenbach/Main 1986,

S. 139: Gabriellas Lied aus dem Film »Wie im Himmel«, Schweden 2004, Deutsche Übersetzung von Anja Erz Holschuh

S. 142: aus: Ulrich Schaffer, Unsere so lebendige Liebe, Kreuz Verlag, Stuttgart 2007, S. 13

S. 154: aus: John O'Donohue, Benedictus. Das Buch der irischen

Segenswünsche. Aus dem Englischen von Ditte und Giovanni Bandini, für die deutsche Fassung © 2009 Pattloch München
S. 155: John O'Donohue, Benedictus. Das Buch der irischen Segenswünsche. Aus dem Englischen von Ditte und Giovanni Bandini, für die deutsche Fassung © 2009 Pattloch München

Bibeltexte aus: Lutherbibel, revidierte Fassung 1984, durchgesehene Ausgabe in neuer Rechtschreibung, © 1999 Deutsche Bibelgesellschaft Stuttgart.

Anmerkung des Verlages:
Wir danken den Verlagen und Rechteinhabern für die Erteilung der Abdruckgenehmigungen. Bei einigen Texten war es trotz gründlicher Recherchen nicht möglich, die Inhaber der Rechte ausfindig zu machen. Honoraransprüche bleiben bestehen.